DJ 래피의 인생수업 70
배우다!

DJ 래피의 인생수업 70
배우다!

DJ 래피 지음

HCbooks

머리말

1994년, 대학 1학년 시절이었습니다. 저는 록 밴드 오디션에서 탈락했습니다. 사투리가 심하다는 이유였습니다. 마음 깊이 품어온 무대의 꿈은 그렇게 너무도 간단히 무너졌습니다.

2001년, 어렵게 첫 앨범을 냈습니다. 하지만 변변한 활동 한 번 제대로 해보지 못한 채 접어야 했습니다. 2004년부터는 방송국의 문을 두드리기 시작했습니다. 15년 동안이나 패널로만 방송을 이어가야 했습니다. 그 시간 동안 누군가는 제게 말했습니다.

"너 아직도 그러고 사냐?"

인생이란, 넘어진 채로 버텨야 하는 시간이 예상보다 훨씬 길었습니다. 그러는 동안 저는 배웠습니다. 무대에서 밀려날 때, 저를 꾸짖던 침묵에서 한 수를 배웠습니다. 거절당한 얼굴을 마주한 거울에서 또 한 수를 배웠습니다. 조롱과 무시, 때로는 무관심조차 저에게는 끊임없는 스승이었습니다.

　실패는 언제나 제 곁에 있었습니다. 그리고 저는 매번 그 실패로부터 한 수씩 배워왔습니다. 그렇게 지금 이 자리까지 왔습니다. 저를 무너뜨릴 것 같았던 그 순간들이, 돌이켜보면 제 삶의 교과서였습니다.

　누구나 인생에서 길을 잃습니다. 그 길목마다 우리는 때때로 뜻밖의 스승을 만납니다. 어떤 때는 책에서, 어떤 때는 길거리에서, 어떤 때는 전혀 예상치 못한 한마디에서 스승을 만납니다. 그리고 그 스승은 대부분 '실패'라는 이름으로 다가왔습니다.

　이 책은 그런 '한 수'들의 기록입니다. 무릎을 치며 깨달은 순간도 있었고, 무릎을 찧고 나서야 비로소 알아차린 배움도 있었습니다. 한 수를 배울 때마다, 한숨은 조금씩 줄었습니다. 그리고 이제는 말할 수 있습니다. 실패는 저를 꾸짖지 않았습니다. 그저 조용히, 끊임없이 가르쳐주었을 뿐입니다.

　이 책이 독자 여러분께 작지만 단단한 '한 수'가 되기를 바랍니다. 그리고 언젠가, 여러분의 어두운 시간이 누군가의 빛이 되는 그날까지 함께 배워가기를 소망합니다.

목차

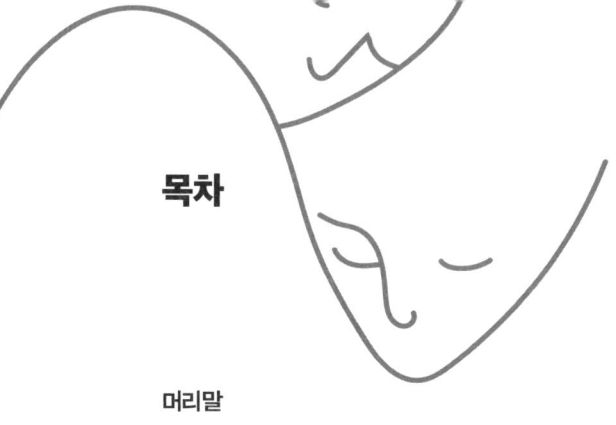

머리말

Learning for Life • 1 :
삶의 통찰과 존재론적 성찰
··· 013

01 '삶'에게서 한 수 배웁니다 : 삶 = 人 + ㅏ + ㄹ + ㅁ

02 저는 배웁니다 : 내가 아닌 다른 사람을 연기하는 배(俳)

03 '사랑'에게서 한 수 배웁니다 : 지금 더 나아지고 있습니까? 아니면 더 나빠지고 있습니까?

04 김상욱 교수에게서 한 수 배웁니다 : 살아있는 이 순간이 소중한 이유

05 젖은 낙엽에게서 한 수 배웁니다 : 십중팔구 법칙

06 상위 10% 법칙에서 한 수 배웁니다 : 그냥 하기만 하면 일단 상위 10%에 듭니다.

07 슬기 법칙에서 한 수 배웁니다 : 슬기 법칙, 매 순간 슬프고 동시에 기쁘다.

08 기말에 법칙에서 한 수 배웁니다 : 기분, 말투, 에너지

09 이미돌 법칙에서 한 수 배웁니다 : 상처받지 않는 방법

10 나나나 법칙에서 한 수 배웁니다 : 나도, 나와, 나를

11 너너너 법칙에서 한 수 배웁니다 : 너도나도, 너그럽게, 너털웃음

12 공자에게 한 수 배웁니다 : 공자는 돌싱이었습니다.
13 나무한테 한 수 배웁니다 : 수관기피, 공존의 철학
14 빈 배에게서 한 수 배웁니다 : 빈 배에게는 화를 낼 수 없습니다.
15 고양이한테 한 수 배웁니다 : 영역 동물
16 수리부엉이에게 한 수 배웁니다 : 눈을 키우고, 귀를 조정하고, 깃털을 바꿔라.
17 선(善)의 이치에서 한 수 배웁니다 : 적선이란?
18 다섯 가지 하기 법칙에서 한 수 배웁니다 : 일이삼사오

Learning for Life • 2 :
자연과 우주에서 배우는 세계 질서

19 양자역학에서 한 수 배웁니다 : 전자는 사실 궤도를 돌고 있지 않습니다.
20 우주로부터 한 수 배웁니다 : 우주의 색은 검은가, 베이지인가?
21 날씨 예보로부터 한 수 배웁니다 : 중요한 것은 완벽한 예측이 아니라, 변화를 받아들이고 적응하는 능력
22 기상청에게 한 수 배웁니다 : 기상청 욕, 한 번이라도 했던 분은 이 글을 꼭 읽으십시오.
23 벌꿀오소리에게 한 수 배웁니다 : "물릴 수 있다. 하지만 쓰러질 필요는 없다."
24 연날리기에서 한 수 배웁니다 : 바람은 피하는 것이 아니라 활용하는 것입니다.
25 거미한테서 한 수 배웁니다 : 거미는 줄에 걸려들지 않는 것에는 신경 쓰지 않습니다.

26 다이아몬드한테 한 수 배웁니다 : 시련과 압력

27 머피의 법칙에서 한 수 배웁니다 : 실패의 예언이 아니라, 실패에 대한 '예방의 경고'

28 물통 법칙에서 한 수 배웁니다 : 저는 그만둔 사람입니다.

29 온도계에서 한 수 배웁니다 : 온도계 법칙

30 낚시에서 한 수 배웁니다 : 낚싯대 법칙

31 코끼리한테 한 수 배웁니다 : '유예'할 줄 아는 삶

32 에너지보존의 법칙에서 한 수 배웁니다 : 뜰 앞의 잣나무

33 동전 법칙에서 한 수 배웁니다 : 동의하지 않지만 전적으로 존중하기

34 도미노 법칙에서 한 수 배웁니다 : 도전, 미소, 노력

35 원을 그려보면서 한 수 배웁니다 : 여러분, 원을 그릴 수 있습니까?

36 마라톤으로 한 수 배웁니다 : 가장 힘든 구간은?

Learning for Life • 3 :

인문 • 철학 • 고전 • 인물로부터 배우는 지혜

143

37 논어에서 한 수 배웁니다 : 온고지신(溫故知新)

38 논어에서 한 수 또 배웁니다 : 미래를 알 수 있습니까?

39 도덕경에서 한 수 배웁니다 : 수많은 '카더라' 덕분에 빠져든 도덕경

40 도덕경에서 한 수 또 배웁니다 : 화(禍)와 복(福)

41 사뮈엘 베케트에게 한 수 배웁니다 : 생명이 있는 모든 것들의 숙명, 기다림.

42 니체에게 한 수 배웁니다 : 초인

43 반야심경에서 한 수 배웁니다 : 월급은 통장을 스칠 뿐

44 성경에서 한 수 배웁니다 : 빠른 자가 경주에서 이기는 것이 아니며…

45 중용에서 한 수 배웁니다 : 중용은 '중간'이 아닙니다.

46 텃밭 농사에서 한 수 배웁니다 : '일음일양'의 원리

47 남명 조식에게서 한 수 배웁니다 : 깨달음의 방울

48 야율초재에게 한 수 배웁니다 : 사필따와 나미차

49 도(道)에게서 한 수 배웁니다 : 조문도 석사가의(朝聞道 夕死可矣)

50 관상에서 한 수 배웁니다 : 삼상(三相) 업그레이드하기

51 저장 버튼에서 한 수 배웁니다 : 다른 이름으로 저장

53 구슬에게 한 수 배웁니다 : 구슬을 서 말이나 모았다고요?

54 치(治)의 뜻에서 한 수 배웁니다 : 흐름을 다스려라.

55 운(運)에게서 한 수 배웁니다 : 운을 끌어당기는 세 가지 마음

56 삼간에서 한 수 배웁니다 : 시간, 인간, 공간

57 이소룡한테 한 수 배웁니다 : Be water, my friend

58 피카소한테 한 수 배웁니다 : 양질전환의 원리

59 미생에서 한 수 배웁니다 : 삶에서 가장 어려운 것, 패턴 깨기

Learning for Life • 4 :
일상 속 법칙 • 행동 • 전환의 기술

60 원하대 법칙에서 한 수 배웁니다 : 운명을 바꾸는 특급 솔루션 WDEP!

61 '닥행'으로 한 수 배웁니다 : 피나는 노력 말고 티 나는 노력!

62 가나다 법칙에서 한 수 배웁니다 : 가볍게, 나답게, 다르게

63 좋아많아 법칙에서 한 수 배웁니다 : 좋은 아이디어는 많은 아이디어에서 나온다.

64 4비 금지 법칙에서 한 수 배웁니다 : 비교, 비난, 비판, 비하하지 말자.

65 구나 구나 법칙에서 한 수 배웁니다 : 그렇구나, 좋구나, 맞구나.

66 선수 교체로 한 수 배웁니다 : 세상은 됐고 나를 바꾼다.

67 계기판 보고 한 수 배웁니다 : 인생 계기판

68 주머니에게 한 수 배웁니다 : 수의에는 주머니가 없습니다.

69 칠복이한테 한 수 배웁니다 : 누가 최진사 댁 셋째 딸을 데려갔는가?

70 바둑에서 한 수 배웁니다 : 인생에도 복기가 필요하다.

맺음말

Learning for Life ◆ 1

삶의 통찰과
존재론적 성찰

01

'삶'에서 한 수 배웁니다 :

$$삶 = 人 + 卜 + 己 + 口$$

사람이 있습니다. 운명이 있습니다. 몸이 있습니다. 그리고 입이 있습니다. 이 네 가지가 모이면 '삶'이 됩니다. 어쩌면 인생은 이 네 글자를 어떻게 다루느냐에 따라 그 빛깔이 정해지는지도 모릅니다.

먼저 '사람 인(人)'입니다. 두 개의 선이 서로 기대고 있는 모습이지요. 이는 인간의 본질을 상징합니다. 우리는 절대 혼자 살 수 없습니다. 혼자서 설 수 있다고 착각할 때, 삶은 흔들리기 시작합니다. 사람은 사람 속에서 자라납니다. 혼자의 성취는 신기루에 불과하며, 관계 속에서 피어나는 연대야말로 진정한 성장의 터전입니다. 우리가 서로를 지탱하지 않는다면, 인(人)이라는 글자도 존재할 수 없습니다.

다음은 '점 복(卜)'입니다. 인생은 계획대로 흘러가지 않습니다. 예상하지 못한 변수 앞에 무력해질 때가 많지요. 주역은 이를 '변화'로 풀어냅니다. 주역의 기본은 "변화, 불변, 그리고 또 다른 변화"입니다. 세상은 끊임없이 바뀌고, 그 흐름 속에서 우리가 해야 할 일은 그 변화를 읽고 적절히 반응하는 것입니다. 점을 친다는 것은 단순히 미래를 예측하는 것이 아니라, 변화의 징조를 감지하고 그에 맞춰 살아가는 지혜를 기르는 것입니다. 운명은 주어지는 것이 아니라 해석하는 것입니다. 바람이 불어올 때, 돛을 펴느냐 접느냐는 우리의 선택입니다.

   세 번째는 '몸 기(己)'입니다. 몸통을 본뜬 이 글자는 나 자신을 상징합니다. 자신을 아는 것이 진정한 지혜라는 말처럼, 외부 세계를 이해하기에 앞서 자신을 바라보는 것이 출발점입니다. 우리는 바쁘게 살아가며 자기 자신을 잃어버립니다. 타인의 시선과 기대에 쫓겨, 정작 '나'라는 중심은 흔들립니다. 동양 철학은 이를 반성의 지점으로 삼습니다. '수기치인(修己治人)', 즉 자기 자신을 다스리는 것이 먼저라는 가르침은 오늘날에도 유효합니다. 내 몸과 내 마음을 정돈할 줄 알아야 비로소 세상과 관계 맺을 수 있습니다.

   마지막은 '입 구(口)'입니다. 말은 입에서 나옵니다. 그러나 그 근원은 마음에 있습니다. 말은 사람을 살리기도, 죽이기도 합니다. "말 한마디로 천 냥 빚을 갚는다."는 말처럼, 입은 단순한 기관이 아니라 관계의 문입니다. 지금 이 시대, 가장 필요한 것은 말의 힘을 되돌아보는 일입니다. 언어는 치유가 되기도 하고, 상처가 되기도 합니다. 나 자신과 타인에게 어떤 말을 건네는지가 인생의 품격을 결정합니다. 입은 때로 침묵을 선택할 줄도 알아야 합니다. 침묵은 때때로 가장 따뜻한 위로가 됩니다. 고요 속에 진심은 더욱 깊이 전달됩니다.

  이 네 가지 요소가 모이면 비로소 '삶'이 됩니다. '사람'과 '운명', '몸'과 '입'. 이 네 가지는 서로 떨어져 있지 않습니다. 관계 속에서 나를 세우고, 변화 속에서 중심을 잡고, 나 자신을 이해한 뒤, 입으로 마음을 전하는 것. 이것이 동양 철학이 말하는 삶의 구조입니다.

  기억해야 합니다. 삶은 여전히 아름다울 수 있습니다. 우리가 이 네 글자의 의미를 되새기고, 하루하루 그 뜻을 실천해 나간다면 말입니다. 인간관계에 진심을 담고, 변화에 유연하게 반응하며, 자신을 돌보고, 따뜻한 말을 전하는 것. 그것이야말로 가장 깊은 지혜이며, 인문적 성찰입니다.

Don't forget

★
★
★

02

저는 배웁니다 :

내가 아닌 다른 사람을 연기하는 배(俳)

요즘 사주 강의를 해달라는 분들이 많습니다. 시간이 되는 한 가급적 도움을 드리고 있습니다. 제 조언을 듣고 용기를 내거나 본인의 적성과 기질, 패턴을 파악하여 잘 대비해 나간다면 그 또한 제 삶의 철학인 '활인(活人)'의 실천이니까요.

다만 저는 그 사람이 어떠한 카드 8장을 부여받았는지를 설명해 주고 타고난 그 사주팔자로 인해 각인된 성격, 기질, 장단점, 적성, 건강, 시절운의 흐름과 개운법을 설명해 줄 뿐, 그 사람의 미래를 단정하는 짓은 하지 않습니다. 사람의 미래는 단정해서도 안 되고 단정할 수도 없습니다. 사람의 미래가 정해져 있다고 주장하는 사람, 그리고 운명은 절대 바꿀 수 없다고 주장하는 사람들조차 길을 건너기 전에는 반드시 좌우를 살핍니다. 기질은 타고나지만 운명은 정해진 게 아닙니다.

간혹 아무런 준비나 변화의 노력 없이 "앞으로 언제 잘 풀릴까요?" 또는 "그럼 대체 어떻게 해야 하나요?"를 묻기만 하는 분들이 있습니다. 그런 분들을 보면 한비자의 오두편에 나오는 수주대토(守株待兎, '그루터기를 지켜 토끼를 기다린다')가 생각납니다. 노력은 하지 않으면서 매일 그루터기 옆에 가만히 앉아 토끼가 그루터기에 부딪혀 죽기만을 기다리는 사람과 다를 바 없습니다.

반복적으로 하는 생각과 말과 행동, 그리고 내가 먹는 음식이 바로 지금의 우리를 만듭니다. 습여성성, 습관이 곧 성격이 됩니다. 이제까지의 삶이 만족스럽지 않으십니까? 현재의 삶에 변화가 필요하십니까? 간단합니다. 이제부터 '(과거의) 내가 아닌 사람'으로 살아가시면 됩니다. 내가 아닌 다른 삶을 연기하는 '배우'의 배(俳)가 인(人)과 비(非)로 이뤄진 건 바로 그런 뜻입니다.

상호 모순된 두 가지를 다 가지려는 마음은 어리석은 욕심입니다.

"노력도 안 하면서 갖고 싶은 마음, 좋은 일은 안 하면서 복은 받고 싶은 마음, 죄를 지으면서 벌은 받고 싶지 않은 마음, 음식을 탐하면서 날씬하고 싶은 마음, 사랑을 주지 않으면서 사랑받고 싶은 마음, 공부는 안 하면서 좋은 성적을 받고 싶은 마음, 건강관리는 뒷전이면서 오래 살고 싶은 마음."

모순된 것을 바랄수록 마음은 괴로워집니다. 내 몸과 마음, 만나는 사람, 가는 곳, 말버릇, 식습관, 삶의 패턴이 그대로인데 어떻게 운명이 바뀌겠습니까? 내가 바뀌어야 운명이 바뀌고 세상도 바뀝니다. 세상은 됐고 나를 바꾸어야 합니다. 운명의 운(運)은 운전한다는 뜻입니다. 가만히 앉아서 요행을 바라는 건 운전이 아닙니다. 그건 운명의 방향을 바꾸는 방법이 아닙니다. 나를 바꾸지 않는 사람은 사주를 백 번, 천 번을 봐도 타고난 명대로 살아갈 확률이 높습니다.

사람의 운명은 미리 정해진 게 아닙니다. 운명(運命)이란 글자가 이미 그런 뜻을 품고 있습니다. 운명이란 명(命)을 운전한다는 것이죠. 명을 운전하려면 내 차(=命)가 어떤 차인지 알아야 하고, 알고 나면 직접 내 몸을 써서 운전해야 합니다. 몸의 출발은 눈, 코, 입이죠. 제가 사용한 방법은 다음과 같습니다.

- 눈 : 보는 것을 바꿨습니다. TV를 보던 눈을 책을 보는 눈으로 바꾸고, 좋은 것만, 좋은 사람만 보는 눈으로 바꾸자 세상이 바뀌기 시작했습니다.
- 코 : 가는 곳을 바꿨습니다. 좋은 곳에서는 좋은 향기가 납니다. 좋은 사람도 마찬가지입니다.
- 입 : 쓰는 말과 먹는 음식을 바꿨습니다. 입으로는 화(禍)가 드나들기에 예로부터 늘 입을 경계하라고 했지요. 또한 먹는 것을 함부로 하지 않았습니다. 하나의 이익을 얻는 것이 하나의 해를 제거함만 못합니다. 밥을 한 그릇 더 먹는 것이 아니라, 내 몸에 독이 되는 음식을 하나라도 덜 먹는 데 집중했습니다.

말이 사람을 살립니다. '살릴 활(活)' 자가 '물 수(水)'와 '혀 설(舌)'로 이뤄진 이유는 바로 물이 사람을 살리고, 말이 사람을 살리기 때문입니다. 후목불가조(朽木不可雕), 썩은 나무로는 조각을 할 수 없습니다. 먼저 내 명(命)이 어떤지를 알고, 겸손한 말과 자세로 그 명(命)을 운전하려는 태도가 필요합니다. 후목(朽木)을 먼저 양목(良木)으로 바꿔야 합니다. 세상은 됐고 나를 먼저 바꿔야 합니다.

Don´t forget

★ _____
★ _____
★ _____

03

'사랑'에게서 한 수 배웁니다 :

지금 더 나아지고 있습니까?
아니면 더 나빠지고 있습니까?

논어에 '애지욕기생(愛之欲其生)'이 나옵니다. 사랑은 그 사람을 잘 살게 한다는 뜻이죠. 사랑은 '생각 사(思), 헤아릴 량(量)', 즉 상대방을 생각하고 헤아리는 마음입니다. 다음은 장자에 나오는 이야기입니다.

어느 날 노나라 사당에 새 한 마리가 날아왔다. 노나라 군주는 그 새를 잡아 가두고 정성스럽게 대접했다. 그러나 새는 고통과 슬픔 속에서 괴로워하다가 사흘 만에 죽어버렸다.

노나라 군주는 사랑을 알지 못했습니다. '헤아리지' 못했으니까요. 사랑이라고 믿었던 행위가 오히려 고통만 안겨 준 꼴이 되었습니다. 새가 원하는 것은 벌레를 먹고 노래 부르며 자유롭게 날아다니는 것이었죠. 하루 종일 새장에 갇혀 지낸 새는 결국 죽고 맙니다.

장자는 이렇게 말합니다.

"물오리의 다리가 짧더라도 길게 붙이면 괴로워하고, 학의 다리가 길더라도 짧게 자르면 슬퍼한다. 그러므로 본래 긴 것은 잘라 낼 것이 아니며, 본래 짧은 것은 이어 줄 것이 아니다."

정조 때의 문장가 유한준은 "알면 사랑하게 되고 사랑하면 참으로 보게 되고 볼 줄 알게 되면 모으게 되니 그것은 한갓 모으는 것이 아니다."라고 했습니다. 이 말을 유홍준 교수는 "사랑하면 알게 되고 알면 보이나니 그때 보이는 것은 전과 같지 않으리라."라고 바꾸었죠.

아는 것이 사랑입니다. 어설프게 알기 때문에 서로 오해하고 미워하게 됩니다. 집착으로 몸서리치게 만드는 건 사랑이 아닙니다. 사랑 애(愛)는 '목이 멜 기(旡) + 마음 심(心) + 뒤처져 걸을 치(夂)'가 됩니다. 너무나 아끼고 좋아하지만, 쉽게 얻지 못하고 함부로 다가서지 못한다는 뜻입니다.

메를로 퐁티는 이렇게 말했습니다.

"우리는 순진무구함과 폭력을 선택하는 것이 아니다. 폭력의 종류를 선택하는 것이다. 우리가 신체를 가지고 있는 한 폭력은 숙명이다."

우리는 타인에게 상처 입힐 가능성을 가진 존재입니다. 불편하지만 받아들여야 합니다. 그러니 누군가에게 피해를 줄 수도 있다는 경계심과 이미 피해를 주었을 수도 있다는 부채감을 가지고 여리박빙(如履薄氷), 살얼음을 밟듯이 사람을 대하며 조심조심 살아야 합니다.

폭력을 최소화하는 것이 사랑입니다. 내가 누군가를 사랑한다면 나는 그에게 가장 적은 폭력을 행하고자 노력할 것입니다. 폭력은 상대에 대한 무지(無知)에서 비롯됩니다. 우리가 폭력을 그나마 줄이려 한다면, 상대에 대해서 충분히 알아야 합니다. 알고 싶고 섬세하게 살피고 싶은 이런 마음이야말로 사랑하는 마음의 본질입니다.

저는 결혼식 축사를 할 때 몇 가지 법칙을 제시합니다.

먼저 '구나 구나' 법칙입니다. 상대방을 이해하기 어려울 때는 그냥 '아, 그렇구나. 이 사람은 이렇구나. 저 사람은 저렇구나. 아, 이렇게 생각할 수도 있구나.' 하는 겁니다. 구나 구나 법칙을 적용하면 싸우는 빈도가 현저히 줄어듭니다.

다음은 '사필따' 법칙입니다. 사랑스러운 말만 하기, 필요한 말만 하기, 따뜻한 말만 하기. 그게 아니면 내뱉지 말고 그냥 삼켜버리십시오.

마지막으로 '다른 이름으로 저장' 법칙입니다. 욱하고 화가 치밀어오를 때 성급하게 화(火)를 저장하지 말고, 다른 이름으로 저장해보면 어떨까요? 화(火)를 화(花)로 저장해보는 겁니다. 컴퓨터에는 '저장' 버튼이 있고, '다른 이름으로 저장' 버튼도 있습니다. 화(火)를 화(花)로 저장하면 꽃 같은 마음이 듭니다.

사랑은 소유도 집착도 독점도 아닙니다. 서로를 존중해야지, 소유물로 여겨서는 안 됩니다. 누구나 세상을 바꾸려고 하지만 정작 자기 자신을 바꾸지는 않습니다. 나를 바꿀지언정, 남을 바꾸려 하지는 마세요.

사람은 결핍의 동물, 습관의 동물, 망각의 동물로 절대 완벽하지 않습니다. 서로의 불완전함을 인정하고 받아들여야 합니다. 쌍둥이조차도 서로 다릅니다. 틀린 게 아니라 다른 겁니다. 서로의 다름을 인정하고 너그러워지기를 기원합니다.

부부는 일심동체라고요? 절대 그렇지 않습니다. 사람은 이심이체입니다. 이렇게 해, 저렇게 해! 이게 일심동체의 모습입니다. 군자화이부동(君子和而不同) 소인동이불화(小人同而不和), 군자는 다양성을 인정하고 지배하려 하지 않으며, 소인은 지배하려고 하며 공존하지 못합니다. 다름을 인정하십시오. 오직 그것만이 평화를 가져다줄 것입니다.

남편의 편은 '편할 편(便)'입니다. 제가 라디오에서 이 얘기를 했더니 어떤 청취자께서 "맞네요. 우리 남편은 늘 지 혼자만 편해요." 라고 하더군요. 그래서야 되겠습니까? 불편하게 만드는 남자가 아니라 상대를 편하게 만드는 남자가 되시기를 바랍니다.

'이보다 더 좋을 수 없다 As Good as It Gets'라는 영화가 있습니다. 주인공은 인기 작가이지만 독설을 퍼붓는 고약한 남자입니다. 그런 그가 어느 날 사랑을 느끼게 됩니다. 그는 마침내 이런 말로 사랑을 고백합니다.

"당신은 내가 더 좋은 사람이 되고 싶도록 만드는군요."

사랑은 우리를 더 나은 사람이 되게 해야 정상입니다. 지금 더 나아지고 있습니까? 아니면 더 나빠지고 있습니까?

Don´t forget

★
★
★
★

04

김상욱 교수한테 한 수 배웁니다 :

살아있는 이 순간이 소중한 이유

장자는 죽음을 두려움이나 비극으로 보지 않았습니다. 그는 죽음을 자연으로의 회귀, 즉 만물이 흘러가야 할 도(道)의 일부로 보았습니다. 제자들이 그의 장례를 성대히 치르려 하자 장자는 말했습니다. "하늘과 땅이 이미 나의 관이요, 해와 달이 나의 패옥이니, 어찌 다시 무언가를 더할 것인가?" 이는 죽음을 결코 이별로 보지 않는 초연함이며, 동시에 생과 사를 나누지 않는 자연주의적 시선이기도 합니다. 우리는 이 관점을 통해, 상실의 고통이 무언가를 잃는 것이 아닌, 본래 있던 자리로 돌아가는 것임을 이해할 수 있습니다.

노자 또한 말했습니다. "천지불인(天地不仁), 만물을 개와 같이 여긴다." 이는 자연이 무정하다는 뜻이 아니라, 인간의 기준에서 선악이나 좋고 나쁨을 따지지 않는다는 의미입니다. 자연은 스스로 그러함(自然) 속에서 흘러가며, 거기에는 억지나 집착이 없습니다.

우리가 누군가의 죽음을 받아들이기 어려운 것은, 바로 이 자연의 도리를 잊고 있기 때문입니다. 억지로 붙잡고, 머물게 하려 하고, 영원히 내 곁에 있어 주기를 바라는 마음이 고통을 낳습니다.

물리학자 김상욱 교수는 죽음을 '원자들이 제자리로 돌아가는 현상'이라고 말합니다. 사랑하는 이가 사라진 것이 아니라, 그가 있던 형태에서 다른 모습으로 전환되었을 뿐이라는 시선입니다. 나무가 되고, 바람이 되고, 별이 되어 여전히 우리 곁에 머물고 있다는 이 설명은 동양 철학의 순환적 세계관과 맞닿아 있습니다. 무너진 마음을 과학의 언어로 감싸는 이 통찰은 죽음을 완전히 다른 방식으로 사유하게 합니다. 이는 장자의 말, "삶도 하나의 꿈일 뿐이니, 죽음이 어찌 다르겠는가?"라는 구절과도 깊이 통합니다.

길가에 핀 들꽃 하나, 하늘을 가로지르는 바람, 계절마다 색을 바꾸는 나무는 말없이 우리에게 말해줍니다. "그대도 결국 나와 같다." 고단한 삶 한가운데서도 잠시 고개를 들어 자연을 바라보면, 그 안에 담긴 고요한 순환의 법칙을 느낄 수 있습니다. 삶은 다만 지나가는 구름이며, 죽음은 그 구름이 물이 되어 땅으로 스며드는 일입니다. 무서운 것이 아니라 당연한 일이요, 사라짐이 아니라 다른 존재 방식의 시작입니다.

"죽음 이후에도 원자는 남는다. 죽음이란 원자의 소멸이 아니라 원자의 재배열이다. 내가 죽어도 내 몸을 이루는 원자들은 흩어져 다른 것의 일부가 된다. '인간은 흙에서 와서 흙으로 돌아간다'라는 말은 아름다운 은유가 아니라 과학적 사실이다. 이렇게 우리는 원자를 통해 영원히 존재한다. 나 역시 죽으면 흙이 되고 나무가 되어 어떤 책의 일부가 될 수도 있다. 죽음 이후에도 우리는 무엇인가가 된다."

─하늘과 바람과 별과 인간, 김상욱

Don´t forget

★ ：
☆ ：
★ ：
★ ：

05

젖은 낙엽에게서 한 수 배웁니다 :

십중팔구 법칙

　젖은 낙엽은 쓸어도 쓸어도 안 쓸립니다. 공자와 맹자도 천하를 주유했으나 그들의 주장을 선뜻 받아들이는 왕은 없었습니다. 그들은 '거절당함'의 달인들이었습니다. 공자의 별명은 '상갓집 개'이기도 했으며, 문지기들 사이에서는 '안 될 줄 알면서도 계속하는 사람'으로 통했죠. 안 될 줄 알면서도 계속하는 것, 이게 바로 젖은 낙엽 정신입니다.

　야구에서는 3할을 치면 진짜 잘 치는 거 아닌가요? 심지어 동물의 왕인 사자의 먹이 사냥 성공률은 20퍼센트 정도밖에 안 되며(호랑이는 1/13), 나비는 보통 200개의 알을 낳는데 그중 나비가 되는 알은 겨우 2~3개뿐이라고 합니다. 워런 버핏의 지난 50년 동안 연평균 수익률은 20%라고 하며, 자금 운용 잘하기로 소문난 연기금의 10년 평균 수익률도 10%라고 하죠. 십중팔구의 진정한 의미는 10번 중 8, 9번이 나쁜 결과가 있더라도 드문 '한둘'의 좋은 결과에

삶의 가치가 있고, 살아갈 희망이 있다는 겁니다. 포기하는 것이 현명한 일인지, 끝까지 노력하는 것이 옳은지는 각자가 선택할 일입니다. 무평불파, 세상에 평평하기만 한 길은 없습니다. 멀리 보이는 지평선도 가까이 가서 보면 실은 비탈과 언덕길이 이어집니다. 인생도 마찬가지입니다. 평지만 계속되는 인생이 없고, 비탈만 진행되는 인생도 없습니다. 마냥 탈 없고 행복해 보이는 사람들도 그 나름의 고난과 어려움을 안고 살아갑니다. 천석꾼은 천석꾼대로, 만석꾼은 만석꾼대로 나름의 걱정과 길흉화복이 있습니다. 무엇보다도 자기 인생에 대한 신념과 긍지가 가장 중요합니다.

"개미 한 마리가 작은 빵조각을 물고 담벼락 오르기를 시도했는데 예순아홉 번 떨어지다가 일흔 번째 목적을 달성했습니다. 바로 이것이 성공입니다." ―카뮈

인생은 허탕의 연속입니다. 삶의 대부분은 크고 작은 허탕으로 채워집니다. 시도하고 허탕 치고, 또 시도하고 또 허탕 치고. 허탕은 매우 희망적인 단어입니다. 이번에는 허탕을 쳤지만, 반드시 다음을 기대하게 만드는 그 자체로 도전 지향적입니다.

★ _____
★ _____
★ _____

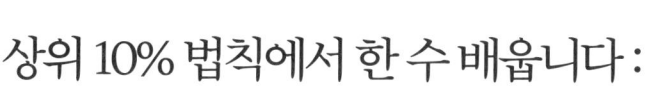

06

상위 10% 법칙에서 한 수 배웁니다 :

그냥 하기만 하면 일단 상위 10%에 듭니다.

 우리는 흔히 뛰어난 재능이나 비범한 조건이 있어야 성공할 수 있다고 착각합니다. 하지만 현실은 그와 다릅니다. 어떤 분야든, 어떤 일이든, 시작조차 하지 않는 사람이 전체의 90%를 차지합니다. 그리고 시작하더라도 대부분은 중도에 포기하고 맙니다. 그러므로 당신이 어떤 일이든 끝까지 해낸다면, 이미 상위 10% 안에 들어간 것입니다.

많은 사람들이 저에게 묻습니다. "한 달에 50권의 책을 어떻게 읽으시나요?" 그 질문을 던지는 사람들 대부분, 즉 90%는 정작 책을 한 권도 읽지 않는 경우가 많습니다. 책 읽기에 필요한 특별한 기술을 묻기 전에, 가장 먼저 점검해야 할 것은 '시작했는가?', 그리고 '계속하고 있는가?'입니다. 피나는 노력을 요구하는 것이 아닙니다. 오히려 '티 나는 노력'을 하시길 바랍니다. 과도한 준비나 완벽한 환경을 만들겠다는 생각에 갇히지 말고, 일단 지금 당장 시작

해 보는 것이 중요합니다.

일을 '그냥 하는 것'만으로도 상위 10%에 포함된다는 이 단순한 법칙은, 우리가 얼마나 실천보다 망설임에 익숙한지를 반증합니다. 입으로만 결심하고, 마음으로만 다짐하고, 머릿속으로만 상상하는 사람들은 늘 많습니다. 그러나 관성이라는 벽은 생각보다 높고 단단합니다. 삼척동자도 다 아는 간단한 원리를 여든을 먹은 어른도 실천하지 못하는 경우가 많습니다. 실천은 단순한 행위지만, 그 자체가 힘입니다.

상위 10%에 속하는 사람들은 대단한 비결을 가지고 있는 것이 아닙니다. 단 하나, 행동한다는 공통점을 가지고 있을 뿐입니다. 당신이 이 글을 읽고 있는 지금, 그리고 읽은 뒤 무언가를 시작하려는 의지를 갖고 있다면, 이미 상위 10%를 향해 나아가고 있는 것입니다. '해야지'라는 마음만 갖고 있는 사람은 셀 수 없이 많습니다. 하지만 '하고 있는 사람'은 극히 적습니다. 이 차이는 단순해 보이지만, 삶의 결과를 완전히 바꾸는 결정적 변수입니다.

노자 도덕경을 살펴보면 이와 관련된 탁월한 표현이 나옵니다.

上士聞道 勤而行之.
상사문도 근이행지.

뛰어난 사람은 도를 들으면 힘써 실행합니다. 말이 끝나기 무섭게 몸이 먼저 움직입니다. 듣고 이해하는 즉시 행동으로 옮기는 이들은 결국 그 도의 가치를 자신의 삶 속에서 실현해 냅니다.

中士聞道 若存若亡.
중사문도 약존약망.

중간 사람은 도를 들으면 알 것도 같고 모를 것도 같은 태도를 취합니다. 흘려듣고, 머뭇거리며, 결단하지 못한 채 시간을 보냅니다. 결국 그들의 하루는 늘 그 자리에 머무르게 됩니다.

下士聞道 大笑之.
하사문도 대소지.

못난 사람은 도를 들으면 코웃음을 치며 조롱합니다. 귀를 닫고, 눈을 감고, 조소만 하다가 기회를 놓칩니다. 결국 그들은 행동하지 않았다는 사실조차 모른 채 뒤처지고 맙니다.

상위 10%에 드는 비결은 재능이 아닙니다. 뛰어난 환경이나 조건도 아닙니다. 단 하나, '행동'입니다. 실행하지 않으면 어떤 조언도 소용이 없습니다. 실천하지 않으면 아무리 값진 말도 헛되게 들릴 뿐입니다. 반복하겠습니다. 그냥 하기만 하면 일단 상위 10%입니다. 생각하고, 망설이고, 계획만 짜는 것이 능력이 아닙니다. 다짐보다 중요한 건 움직임입니다.

행동을 시작하는 데 있어 완벽한 타이밍은 존재하지 않습니다. 마음이 준비되지 않아도, 도구가 부족해도, 환경이 불완전해도 시작할 수 있습니다. 실제로 '준비가 완벽히 되었다'고 말하는 사람은 대부분 이미 실행하고 있는 사람입니다. 그만큼 준비는 실행 속에서 이뤄지는 것입니다.

당신이 어떤 목표를 가지고 있든, 지금보다 더 나은 삶을 원하고 있든, 오늘 이 글을 읽고 나서 단 한 걸음이라도 행동에 옮긴다면, 그것만으로도 당신은 평균을 넘어섭니다. 하루 1쪽이라도 책을 읽고, 하루 10분이라도 글을 쓰고, 하루 5분이라도 몸을 움직이면, 그것은 작지만 강력한 실천입니다.

'지속성'이야말로 실천의 꽃입니다. 처음에 열정이 넘치는 건 누구나 할 수 있습니다. 그러나 그 열정을 매일 이어가는 건 아무나 할 수 없습니다. 꾸준함이란 단어는 결코 지루한 말이 아닙니다. 오히려 가장 실력 있는 사람들에게만 허락되는 태도입니다. 실천을 꾸준히 이어가는 사람은 결국 실력과 성취, 운과 기회를 동시에 끌어당깁니다.

상위 10%는 결과가 아니라 과정입니다. 그 과정에 진입하는 가장 확실한 방법은 단 하나입니다. 지금 당장 하기. 그리고 그만두지 않기. 이것이 전부입니다.

지금 당신이 이 글을 끝까지 읽었다면, 이미 상위 10%에 한 발을 내디뎠습니다. 이제 나머지 한 발을 옮기는 일만 남았습니다. 그 발

걸음은 오늘 하루를 바꿀 것이며, 오늘 하루는 내일의 전환점이 될 것입니다. 그러니 주저하지 마시고, 바로 지금 하십시오. 상위 10%는 생각보다 가까운 자리에 있습니다.

Don´t forget

★
★
★
★

07

슬기 법칙에서 한 수 배웁니다 :

슬기 법칙, 매 순간 슬프고 동시에 기쁘다.

 우리는 매 순간 기쁘고 또 매 순간 슬픕니다. 비가 와서 기쁘고, 비가 와서 슬픕니다. 꿈이 있어 기쁘고, 꿈이 있어 슬픕니다. 꿈이란 이뤄지기보다는 이뤄지지 않을 확률이 더 높기 때문입니다. 저는 고등학생 때부터 늘 Rock 스타가 되는 게 꿈이었어요. 근데 그게 꿈이어서 슬펐습니다. 성공하지 못했기 때문입니다. 하지만 우여곡절 끝에 드라이브 뮤직의 DJ가 되어 기쁩니다. 제게는 여러분이 있기 때문입니다.

여전히 우리는 매 순간 기쁘고 또 매 순간 슬픕니다. 이집트인들은 홍수에 시달렸지만, 홍수로 인해 비옥한 땅을 만들었습니다. 평온하고 평범한 일상이 행복인 줄 모르고, 아프기 전에는 건강의 소중함을 모릅니다. 사랑할 때는 사랑이 보이지 않고, 떠난 인연에 연연합니다. 젊음이 영원할 것처럼 살다가, 머리가 희끗할 무렵에서야 더 도전하지 않았음을 후회합니다.

이러한 감정의 이중성은 삶의 본질입니다. 슬기 법칙은 그것을 꿰뚫어 봅니다. 감정은 흑백이 아니라, 항상 동시에 존재합니다. 기쁨 속에 슬픔이 있고, 슬픔 속에 기쁨이 숨어 있습니다. 우리가 느끼는 감정은 절대 단일하지 않습니다. 그 안에는 언제나 다른 얼굴이 함께 들어 있습니다. 그러니 어떤 감정이 찾아오더라도, 그 반대의 감정도 어딘가에 머물고 있음을 이해해야 합니다.

이 원리를 알면 삶을 대하는 자세도 달라집니다. 좋은 일이 생겼을 때 자만하지 않고, 나쁜 일이 닥쳤을 때 절망하지 않게 됩니다. 행복은 그 자체로 완성된 감정이 아닙니다. 언제나 불완전하고, 언제나 흔들립니다. 하지만 그 불완전함 속에서 삶의 의미가 피어납니다. 슬기 법칙은 우리에게 그 균형을 알려줍니다. 슬픔도 기쁨도 모두 삶의 일부라는 사실을 잊지 말아야 합니다.

저는 음악을 하면서 그 사실을 더욱 깊이 느꼈습니다. 무대 위의 환호 속에서도 가끔은 외로움을 느끼고, 혼자 작업실에 앉아 있는 고요 속에서도 벅찬 기쁨을 느낍니다. 이는 무언가를 이루었기 때문에 생기는 감정이 아닙니다. 오히려 그 길을 걸어가는 매 순간, 그 안에 함께 깃든 감정들이 복합적으로 존재하기 때문입니다.

슬기 법칙은 단순한 이론이 아닙니다. 그것은 삶을 살아가는 기술이자 태도입니다. 우리는 순간의 감정에 휘둘리기보다는, 그 이면을 읽을 수 있어야 합니다. 누군가를 사랑할 때, 그 사랑이 언젠가 끝날 수도 있음을 알면서도 그 사랑을 깊이 누리는 것. 그것이 바로 슬기입니다. 실패를 두려워하지 않으면서도 성공에 도취되지 않는 것. 그것도 슬기입니다. 매 순간을 진심으로 대하면서도, 그 순간이 영원하지 않음을 아는 것. 그 또한 슬기입니다.

  결국, 슬기 법칙은 우리에게 말합니다. "지금 이 순간, 당신이 느끼는 감정은 틀리지 않았습니다. 다만 그것이 전부가 아닐 뿐입니다." 우리는 계속해서 기쁘고, 계속해서 슬퍼집니다. 그리고 그 속에서 우리는 계속해서 살아갑니다. 삶은 그렇게 기쁨과 슬픔이 나란히 걷는 긴 여정입니다. 그 여정 위에서 우리가 할 일은, 그 두 감정을 모두 품은 채 앞으로 나아가는 것입니다. 슬기롭게, 묵묵히, 그리고 기꺼이.

Don´t forget

★
★
★
★

08

기말에 법칙에서 한 수 배웁니다 :

기분, 말투, 에너지

 우리는 매일 사람을 만나고, 말을 나누며, 함께 숨을 쉽니다. 그 과정에서 특별한 행동이나 의도를 하지 않아도, 우리는 서로에게 영향을 주고받습니다. 마치 공기처럼 눈에 보이지 않지만 분명히 존재하는 것이 있습니다. 바로 '기분', '말투', '에너지'입니다. 이 세 가지는 하나의 감정에서 시작해 주위 사람의 하루 전체를 바꿀 수 있을 만큼 강력한 전파력을 지니고 있습니다. 그래서 이를 '기말에 법칙'이라 부를 수 있습니다. 기분, 말투, 에너지. 이 셋은 우리를 둘러싼 인간관계의 공기이자 온도입니다.

기 : 기분, 기운을 나누는 것

기분은 감정의 날씨입니다. 맑고 청명한 날처럼 밝은 기분은 주변 사람들에게 상쾌한 기운을 퍼뜨립니다. 반대로 짙은 먹구름이 낀 날처럼 무거운 기분은 분위기를 순식간에 가라앉힙니다. 우리가 누군가의 얼굴을 보기만 해도 왠지 긴장이 되거나, 반대로 편안해지는 이유는 바로 그 사람의 기분이 발산하는 에너지에 영향을 받기 때문입니다.

기분은 스스로만의 것이 아닙니다. 감기처럼 전염됩니다. 실제로 '감기'의 한자 표기를 보면 '感氣', 즉 기운을 감(感)하는 질병입니다. 감정 역시 마찬가지입니다. 짜증은 짜증을 부르고, 따뜻함은 따뜻함을 키웁니다. 웃는 얼굴이 웃음을 유도하듯, 좋은 기분은 주변을 환하게 만듭니다. 그래서 '좋은 기분 유지'는 단순한 자기 관리가 아니라, 주변 사람에 대한 배려이며, 사회적 책임이라고도 할 수 있습니다.

말 : 말투, 의도보다 더 강한 전달력

말은 마음을 옮기는 수단입니다. 그러나 그 마음이 어떻게 전달되느냐는 말의 내용보다 말투에 더 크게 좌우됩니다. 같은 말을 해도 말투에 따라 전혀 다른 느낌으로 다가옵니다. "왜 그래?"라는 말이 따뜻한 위로가 될 수도 있고, 차가운 비난이 될 수도 있는 이유입니다.

말투는 단지 음성의 높낮이나 속도 문제가 아닙니다. 그 사람의 내면과 태도, 그리고 상대를 대하는 감정이 말투에 담깁니다. 예의 바른 단어를 사용해도 말투가 날카로우면 공격적으로 들리고, 거친 표현도 말투가 부드러우면 농담처럼 받아들여지기도 합니다. 그래서 우리가 타인과 소통할 때 가장 조심해야 할 것은 '어떤 말을 하느냐'보다 '어떻게 말하느냐'입니다.

좋은 말투는 갈등을 줄이고, 오해를 막습니다. 더 나아가 관계를 회복시키는 힘이 있습니다. 부드럽고 긍정적인 말투는 사람을 열고, 닫혀 있던 마음을 움직입니다. 말투는 그 사람의 인격을 비추는 거울입니다. 평소의 말투가 곧 평소의 마음입니다.

에 : 에너지, 분위기를 만드는 힘

 사람마다 풍기는 에너지가 다릅니다. 어떤 사람은 조용히 있어도 주변이 밝아지고, 어떤 사람은 말이 없어도 분위기를 무겁게 만듭니다. 이 에너지는 단순한 활력이나 생기 이상의 것입니다. 의욕, 태도, 집중력, 삶의 자세 같은 내면의 총체가 만들어내는 '사람의 기운'입니다.

 에너지는 결코 숨길 수 없습니다. 자기 자신을 어떻게 다루고 있는지, 삶을 어떻게 바라보고 있는지가 에너지로 드러납니다. 건강한 사람은 타인의 기운까지 끌어올립니다. 반면, 자신조차 지치고 무기력한 사람은 주변까지 함께 침체시킵니다. 그래서 에너지를 가꾼다는 것은 단순히 많이 움직이는 것을 의미하지 않습니다. 진심 어린 열정, 긍정적인 마음가짐, 타인을 존중하는 태도까지 모두가 에너지의 원천이 됩니다.

 좋은 에너지는 전염됩니다. 웃으며 일하는 사람 옆에 있으면 나도 모르게 힘이 나고, 열정적인 사람 곁에 있으면 나도 무언가 해보고 싶은 마음이 듭니다. 우리가 서로에게 끼치는 가장 큰 영향은 어쩌면 말이나 행동보다 '어떤 에너지를 품고 사느냐'일지도 모릅니다.

 기분, 말투, 에너지. 이 세 가지는 별개의 것이 아니라 서로 영향을 주고받습니다. 기분이 좋으면 말투가 부드러워지고, 말투가 다정하면 에너지도 밝아집니다. 반대로, 기분이 나쁘면 말투가 날카로워지고, 에너지도 뾰족해집니다. 그러니 이 셋은 따로 가꾸는 것이 아니라, 함께 의식하고 돌봐야 할 요소입니다.

삶은 결국 관계의 연속이고, 관계는 감정의 연결입니다. 기말에 법칙을 실천한다는 것은 내가 나답게 살아가면서도, 동시에 타인과 조화롭게 어우러지는 방법을 익히는 것입니다. 복잡한 이론이 필요하지 않습니다. 오늘 하루 내 기분을 먼저 살펴보고, 말투에 온기를 담으며, 에너지를 가볍게 유지하려는 마음. 그것이면 충분합니다.

어쩌면 주변 사람들을 위한 최대의 배려는,

내가 좋은 기분을 유지하는 것입니다.
내가 부드러운 말투를 선택하는 것입니다.
내가 긍정적인 에너지를 품는 것입니다.

모든 것은 전염됩니다. 그러니 내가 먼저 웃고, 내가 먼저 다정하게 말하며, 내가 먼저 따뜻한 에너지를 지닐 수 있어야 합니다. 그 하나의 실천이 누군가의 하루를 바꾸고, 나아가 세상을 조금 더 환하게 만듭니다. 기말에 법칙, 그것은 인간관계의 예술이며, 인생을 아름답게 만드는 기술입니다.

Don't forget

★
☆
★
★

09

이미돌 법칙에서 한 수 배웁니다 :

상처받지 않는 방법

살면서 우리는 크고 작은 상처를 마주합니다. 누군가의 무심한 말에, 이해받지 못한 상황에, 기대에 미치지 못한 관계에서 우리는 쉽게 마음이 다치고 흔들립니다. 인간은 관계 속에서 살아가는 존재이기에, 타인의 반응과 시선, 말과 행동에 끊임없이 영향을 받습니다. 하지만 그 모든 것을 마음에 담아두기에는 인생이 너무도 짧고 소중합니다.

상처받지 않고 살아간다는 것은 불가능할 수 있습니다. 그러나 상처에 휘둘리지 않고 살아가는 것은 분명 가능합니다. 그 열쇠가 바로 '이미돌 법칙'에 있습니다. 이해하지 않는 용기, 미움받을 용기, 돌려받지 않을 용기. 이 세 가지 마음을 품는다면, 우리는 불필요한 감정 소모에서 벗어나 보다 자유롭고 단단한 삶을 살 수 있습니다.

이해하지 않는 용기 : 남은 내가 아닙니다. 사람은 다 다릅니다.

　우리는 종종 '이해해야만 한다'는 강박에 사로잡힙니다. 상대가 왜 그런 말을 했는지, 왜 그런 행동을 했는지 납득하지 못하면 관계가 멀어지는 것 같고, 나만 뒤처진 기분이 들기도 합니다. 하지만 이때 꼭 기억해야 할 사실이 있습니다. 사람은 다 다르다는 것입니다.

　사람마다 자란 환경, 성격, 가치관, 사고방식, 감정의 결이 모두 다릅니다. 나와 같은 감정으로 세상을 바라보는 사람은 없습니다. 그런데 우리는 종종 이 차이를 무시하고, 상대가 나처럼 생각해주길 기대합니다. 이해되지 않는 말과 행동 앞에서 '어떻게 그럴 수 있지?'라며 마음을 다칩니다.

　하지만 모든 것을 이해하려 애쓸 필요는 없습니다. 이해되지 않는 것을 억지로 이해하려는 순간, 감정은 왜곡되고 상처는 깊어집니다. 때로는 그저 "그럴 수도 있겠지." 하고 넘기는 것이 가장 현명한 태도입니다. 내 기준의 이해를 상대에게 강요하지 않는 것, 그것이 바로 이해하지 않는 용기입니다. 남은 내가 아니고, 나도 남이 아닙니다. 다름은 틀림이 아니며, 이해보다 중요한 것은 그 다름을 인정하는 태도입니다.

미움받을 용기 : 모두에게 사랑받을 수 없습니다.

　살다 보면 누구나 누군가에게 미움을 받습니다. 그 이유가 분명하지 않을 수도 있고, 때로는 억울하게 느껴질 수도 있습니다. 그러나 그것은 인간관계의 자연스러운 일부입니다. 내가 어떤 사람을 좋아하지 않는 것처럼, 누군가도 나를 좋아하지 않을 수 있습니다.

우리는 너무 자주 모든 사람에게 좋은 사람으로 남고자 합니다. 그래서 무리하게 관계를 이어가고, 마음에도 없는 친절을 베풀며, 때로는 자신의 기준까지 무너뜨립니다. 그러나 그 결과는 늘 지치고, 상처 입은 나 자신입니다.

'모두에게 사랑받을 필요는 없다'는 사실을 받아들이는 것은 큰 해방입니다. 내가 나답게 살면서 어떤 이에게는 호감을, 어떤 이에게는 불편함을 줄 수 있습니다. 그것은 내가 잘못해서가 아니라, 단지 '다름'이기 때문입니다. 나를 좋아해주는 이들과 깊은 관계를 맺고, 나를 불편해하는 이들과는 거리를 두는 것. 이 단순한 원리를 받아들이는 것이 바로 미움받을 용기입니다.

나를 있는 그대로 드러내되, 누군가에게 미움받을 가능성까지도 받아들이는 마음. 그 용기가 있어야 비로소 진정한 나로 살아갈 수 있습니다.

돌려받지 않을 용기 : 대가를 바라지 않으면 서운하지 않습니다.

관계 속에서 우리는 끊임없이 주고받습니다. 그러나 이 '주는 행위'에 종종 무언의 기대가 숨어 있습니다. "내가 이렇게 해줬으니, 저 사람도 이렇게 해줄 거야." 이러한 기대는 우리가 자각하지 못하는 사이에 서운함으로 바뀌고, 결국에는 실망과 상처로 이어집니다.

좋은 마음으로 한 말, 성의껏 베푼 행동, 따뜻하게 보낸 관심이 돌아오지 않을 때 우리는 흔들립니다. 하지만 생각해보면, 우리가 진심으로 어떤 행동을 했다면 그것만으로 충분한 일입니다. 대가를 바라고 했던 것이 아니라면, 돌아오지 않아도 괜찮아야 합니다.

돌려받으려는 마음이 작아질수록 서운함도 작아집니다. 오히려 그 기대를 걷어낼수록 더 진실된 관계가 만들어집니다. 내가 베푼 만큼을 반드시 되돌려받아야 한다는 생각을 내려놓을 수 있다면, 그 순간 우리는 훨씬 자유로워집니다. 그것이 돌려받지 않을 용기입니다. 진심은 언젠가 다른 형태로 돌아옵니다. 하지만 그때와 그 모양을 고집하지 않아야 진짜 선순환이 가능합니다.

상처받지 않는 삶이란, 상처를 대하는 태도를 바꾸는 것.

우리는 매번 타인에게서 상처를 받는다고 생각하지만, 사실 그 상처의 절반은 스스로 만든 것일지도 모릅니다. 지나치게 이해하려 하고, 모두에게 사랑받으려 하고, 항상 뭔가를 되돌려받으려 하기 때문에 마음이 더 쉽게 다칩니다.
그래서 이미돌 법칙은 말합니다.

이해하지 않을 용기,
미움받을 용기,
돌려받지 않을 용기를 가지라고.

이 세 가지 마음은 우리를 단단하게 만들고, 상처에 휘둘리지 않게 합니다. 더 이상 불필요한 감정에 매달리지 않고, 더 자유롭고 자연스럽게 관계를 이어갈 수 있게 합니다. 상처는 피할 수 없습니다. 그러나 그 상처를 대하는 내 마음의 자세는 바꿀 수 있습니다.

오늘 하루, 이미돌 법칙을 마음에 새기며 상처받지 않고도 깊이 있는 관계를 이어갈 수 있는 내면의 힘을 길러 보시기를 바랍니다.

Don't forget

★ _____
★ _____
★ _____
★ _____

10

나나나 법칙에서 한 수 배웁니다 :

나도, 나와, 나를

 나나나 법칙 : 나도, 나와, 나를!

나도 틀릴 수 있다.
나와 다를 수 있다.
나를 싫어할 수 있다.

우리가 듣는 모든 것은 사실이 아니라 의견입니다.
우리가 보는 모든 것은 진실이 아니라 관점입니다.
- 마르쿠스 아우렐리우스

살다 보면 가장 어려운 상대는 남이 아니라 바로 '나'입니다. 스스로를 잘 안다고 생각하지만, 가장 모르는 것도 자기 자신입니다. 마음은 하루에도 수십 번 흔들리고, 감정은 상황마다 달라지고, 믿었던 가치관조차 때로는 흔들립니다. 그래서 '나'를 다스리고 이해하는 것은 가장 깊은 수련이며, 동시에 가장 큰 자유를 주는 길이기도 합니다. 그 시작은 '나도', '나와', '나를'이라는 세 단어에서 비롯됩니다.

첫째, 나도 틀릴 수 있다는 인정입니다.

우리는 종종 자신이 옳다고 믿는 생각이나 판단에 집착합니다. 나의 경험, 나의 신념, 나의 방식이 맞다고 느끼면, 그것과 다른 모든 의견을 부정하고 싶어집니다. 그러나 인간은 누구나 오류를 범할 수 있는 존재입니다. 나도 틀릴 수 있다는 생각은 곧 겸손입니다. 자신의 부족함을 인정하는 사람은 배웁니다. 성장합니다. 누군가의 말에 "그럴 수도 있겠네요."라고 말할 수 있는 사람은 넓은 시야를 가집니다. 그 마음가짐은 대화를 열고, 관계를 유연하게 만들며, 스스로도 더 편안하게 살아갈 수 있는 힘이 됩니다.

둘째, 나와 다를 수 있다는 수용입니다.

우리는 각자의 배경, 성격, 가치관을 가지고 살아갑니다. 그 다양함 속에서 충돌은 자연스럽습니다. 그러나 우리는 자주 "왜 저렇게 생각하지?", "왜 나처럼 안 하지?"라고 판단합니다. 다름을 불편하게 여기고, 불편함을 배척하려고 합니다. 하지만 다름은 틀림이 아닙니다. 오히려 다름은 세상을 풍요롭게 만듭니다. 나와 다른 의견, 나와 다른 선택, 나와 다른 삶의 방식이 존재한다는 사실을 받아들이는 것. 그것은 타인을 향한 존중이며, 더 나아가 자신을 향한 확장의 시작입니다. 다양한 사람들과 살아가야 하는 세상에서 가장 필요한 마음은 바로 '수용'입니다.

셋째, 나를 싫어할 수 있다는 자각입니다.

아무리 좋은 사람이어도 모두에게 사랑받을 수는 없습니다. 나를 좋아해주는 사람이 있는가 하면, 나를 불편해하는 사람도 있기 마련입니다. 그 사실을 인정하지 않으면, 우리는 끊임없이 모든 사람에게 인정받고자 애쓰게 됩니다. 그 과정에서 자기 자신을 잃기도 합니다. 중요한 건 모든 사람의 시선을 만족시키는 것이 아니라, 나 자신과의 관계를 바로 세우는 것입니다. 나를 싫어하는 사람도 있을 수 있다는 현실을 받아들이면, 비로소 나다운 선택과 말, 행동이 가능합니다. 자유는 거기서 시작됩니다.

고대 철학자 퓌론은 말했습니다. 모든 명제에는 그와 정반대인 명제가 대립될 수 있고, 둘 다 똑같은 진리의 무게를 가진다고요. 그래서 그는 판단을 중지하라고 말합니다. 누가 옳고 그른지를 판단하려 하지 말고, 먼저 판단 그 자체를 유보하라는 것입니다. 그 태도는 상대뿐 아니라 자신에게도 적용됩니다. '내가 반드시 옳다'고 주장하기보다, '나도 틀릴 수 있다'고 생각하는 것. 그것이야말로 평화로운 삶의 기본입니다.

이와 연결되는 고전 문장이 있습니다.

대인춘풍(待人春風), 지기추상(持己秋霜).

남을 대할 때는 봄바람처럼 따뜻하게, 자신을 대할 때는 가을 서리처럼 엄격하게 하라는 말입니다. 하지만 현실은 반대가 되기 쉽습니다. 우리는 자신에게는 한없이 관대하고, 남에게는 예민한 기준을 들이밉니다. 그러다 보면 자신에게는 핑계가 넘치고, 타인에게는 비판이 넘쳐납니다. 나나나 법칙은 이 잘못된 균형을 다시 잡아줍니다. 내가 틀릴 수 있고, 남이 나와 다를 수 있으며, 누군가는 나를 싫어할 수 있다는 사실을 받아들일 때, 비로소 사람 사이의 온도가 따뜻해지고, 내 마음의 균형도 바로잡힙니다.

또한 성대중의 말처럼,

"눈앞에 미운 사람이 없고, 마음에 불평할 일이 없는 것이 평생의 지극한 즐거움이다."

이 경지는 결코 타인에 의해 도달하는 것이 아닙니다. 바로 나 자신을 조율함으로써 도달할 수 있는 내면의 평온입니다. 나를 바로 보는 눈, 나를 바로 대하는 태도, 그리고 나를 바로 사랑하는 능력이 결국 세상을 보는 눈을 바꾸게 됩니다.

사람을 사랑하면, 그 사람과 관련된 모든 것조차도 귀하게 보입니다.

애급옥오(愛及屋烏).

그 사람의 지붕 위에 앉은 까마귀조차도 예뻐 보인다는 뜻입니다. 내가 사랑하는 마음을 품으면, 보는 것도 달라지고, 듣는 것도 달라지고, 이해하는 폭도 넓어집니다.

결국 모든 것은 '나로부터' 시작합니다. 나나나 법칙은 그렇게 말합니다. 나도 틀릴 수 있음을 받아들이고, 나와 다른 사람의 생각을 품어내며, 나를 싫어할 수 있는 세상을 인정하라는 것. 그 과정에서 우리는 진정한 자유를 얻게 됩니다.

오늘 하루, 나 자신을 향해 이렇게 말해보십시오.

"그래, 나도 틀릴 수 있어."
"괜찮아, 모두가 나 같을 순 없어."
"모두가 나를 좋아할 필요는 없어."

이렇게 말하는 순간, 마음은 한결 가벼워집니다. 나나나 법칙은 복잡한 세상을 지혜롭게 통과할 수 있도록 돕는 삶의 방향타입니다. 가장 어렵고도 중요한 관계, 바로 '나와의 관계'에서부터 모든 것이 시작됩니다. 나도, 나와, 나를. 오늘 하루는 나를 인정하고, 나와 대화하며, 나를 돌보는 시간이 되기를 바랍니다. 그것이 곧 당신을 위한 첫 번째 사랑입니다.

Don't forget

★ _____
★ _____
★ _____
★ _____

11

너너너 법칙에서 한 수 배웁니다 :

너도나도, 너그럽게, 너털웃음

 너너너 법칙 : 너도나도, 너그럽게, 너털웃음!

　연 6,800만 달러, 총액 6억 8,000만 달러 연봉의 오타니도 타율이 3할입니다. 10번 들어서면 7번 아웃이에요. 너무 완벽해지려고 하지 말고 우리 자신에게 좀 너그러워집시다.

　현대 사회는 끊임없이 우리에게 요구합니다. 더 잘해야 한다고, 더 빨라야 한다고, 더 완벽해야 한다고 말합니다. SNS에는 매일매일 남의 성공과 성취가 올라오고, 우리는 알게 모르게 비교의 늪에 빠집니다. 그 안에서 우리는 점점 스스로를 몰아붙입니다. 하지만 생각해 봅시다. 오타니처럼 세계 최고의 무대에 선 선수조차도 성공률이 3할이라면, 우리도 충분히 실수할 수 있고, 실패할 수 있으며, 그 자체로 괜찮은 존재입니다.

　'너너너 법칙'은 바로 그 점에서 출발합니다. 너도나도 실수할 수 있고, 너그럽게 서로를 품고, 때로는 그 모든 상황을 너털웃음으로 넘길 줄 아는 삶의 태도입니다. 이 법칙은 인간관계를 유연하게 만들고, 자존감을 지키며, 삶의 무게를 가볍게 만들어 줍니다.

첫 번째, 너도나도입니다.

우리는 혼자 사는 것이 아닙니다. 사회는 너와 내가 함께 만들어 가는 공간입니다. 그래서 '너도나도'라는 말에는 깊은 연대의 감정이 담겨 있습니다. 성공도, 실패도, 실수도 모두 혼자가 아니라 너도나도 함께하는 일이라는 인식이 중요합니다. 회사에서 실수한 동료를 향해 "너도 그럴 수 있지, 나도 그랬어."라고 말해주는 것, 가족의 서툰 행동에 "나도 처음엔 그랬어."라고 웃어주는 것, 이 모든 것이 '너도나도'의 실천입니다. 그렇게 말하는 순간, 상대는 위로를 받고, 우리는 관계의 온도를 올립니다.

두 번째, 너그럽게입니다.

너그럽다는 것은 그냥 참는 것이 아닙니다. 상대의 입장을 헤아려보고, 그 사람의 성장 가능성까지 바라보는 깊은 시선입니다. 우리가 스스로에게 엄격한 만큼, 타인에게도 무심코 날을 세우게 됩니다. 그러나 너그러운 사람은 타인의 실수를 개인의 본질로 보지 않습니다. 상황의 일부로 이해하고, 그 사람이 더 나아질 수 있다고 믿습니다. 너그러움은 단순한 미덕이 아니라, 인간관계를 유지하는 데 있어 필수적인 힘입니다. 자신에게도 마찬가지입니다. 실수했을 때 "괜찮아, 누구나 그럴 수 있어."라고 말할 수 있는 사람은 삶을 견디는 힘이 있습니다.

세 번째, **너털웃음입니다.**

　너털웃음은 그냥 웃음이 아닙니다. 마음을 툭 털어버리는 웃음입니다. 상황을 가볍게 넘기는 능력입니다. 실수했을 때, 실패했을 때, 민망한 상황에서도 툭 털고 웃어버릴 수 있는 그 여유는, 인생의 어떤 어려움도 이겨내는 힘이 됩니다. 유쾌하게 웃어넘길 줄 아는 사람은 주변도 가볍게 만듭니다. 웃음은 사람 사이의 벽을 허물고, 긴장을 풀어줍니다. 복잡하고 무거운 세상 속에서 너털웃음은 곧 생존 전략입니다.

　너도나도, 너그럽게, 너털웃음. 이 세 가지는 따로 떨어진 개념이 아닙니다. 이 셋은 유기적으로 연결되어 있습니다. 너도나도 함께 한다는 인식이 있으면, 서로에게 너그러워질 수 있고, 그러한 관계 속에서는 너털웃음이 자연스럽게 흘러나옵니다. 우리가 이 법칙을 실천할 수 있다면, 인간관계는 훨씬 덜 힘들고, 삶은 훨씬 덜 버겁습니다.

　DJ로서 많은 사람들의 사연을 듣습니다. 그중 많은 이들이 "나는 왜 이렇게 부족할까?", "왜 나만 실패하는 걸까?" 하고 자책합니다. 그럴 때 저는 이렇게 말합니다. "오타니도 3할 타자입니다. 당신이 잘못된 게 아닙니다. 우리는 원래 그런 존재입니다. 그러니 오늘은 자기 자신에게도 너그럽게, 너도나도 함께 살아가는 마음으로, 그리고 무엇보다 너털웃음 한 번 지으며 하루를 마무리하세요."

　마지막으로, 오늘 하루를 이렇게 시작해 보는 건 어떨까요?

누군가의 실수를 보며 "나도 그랬지, 너도 괜찮아.", 스스로의 부족함 앞에서 "괜찮아, 나는 나대로 충분해.", 불편한 상황 속에서도 "하하, 이 또한 지나가리니!" 하고 너털웃음을 지어보는 것입니다.

너너너 법칙은 단지 말의 유희가 아닙니다. 그것은 우리가 어떻게 사람을 대하고, 어떻게 나 자신을 대하며, 어떻게 세상과 함께 웃을지를 보여주는 지혜입니다. 너도 좋고, 나도 좋고, 다 함께 웃을 수 있다면, 그보다 더 좋은 삶이 있을까요? 그러니 오늘도 너너너! 너도나도, 너그럽게, 너털웃음! 이 세 마디가 당신의 하루를 따뜻하게 채워주길 바랍니다.

Don´t forget

★
★
★
★

12

공자에게 한 수 배웁니다 :

공자는 돌싱이었습니다.

    사람들이 잘 모를 뿐, 공자는 돌싱이었습니다. 공자가 돌싱이라고 하면 많은 분들이 깜짝 놀라는데요, 그 시절에는 이혼이라는 단어가 아니라 아내를 내보낸다는 의미의 '출처(出妻)' 또는 아내의 직분을 그만두게 한다는 의미에서 '휴처(休妻)'라 불렀습니다.

  암튼 공자도 평범한 사람이었습니다. 우리처럼 생계를 걱정하고 주어진 삶을 살아내는 사람이었습니다. 또한 적당히 자괴감에 시달리는 인물이었으며 사업에 실패하고, 까탈스럽고, 남들의 험담에 시달렸습니다.

  유세를 위해 떠돌아다니던 공자를 보고 사람들은 그 모습이 마치 '상가지구(喪家之狗)', 즉 상갓집 개를 닮았다며 조롱하기도 하였습니다. 하루는 제자인 자공(子貢)이 속상한 마음에 이러한 이야기를 털어놓자 공자는 허허 웃으며 '아마 맞는 말일 테지' 하고 수긍하기까지 합니다. 공자는 남들이 자신을 알아주지 않더라도 화가 나지 않음이 군자의 덕목이라고 하였습니다. 바로 이 지점이 성인(聖人)과 범인의 차이점입니다.

공자는 남들이 나를 인정해 주기를 바라는 마음 자체가 큰 욕심이라는 사실을 깨닫고 있었습니다. 무척 모욕적으로 들렸을 말을 한바탕 웃음으로 승화시킬 수 있었던 공자의 내공, 지금의 우리에게 간절히 필요한 덕목입니다. 공자는 누구보다도 자신을 인정할 줄 알았던 사람입니다. 스스로 자신을 인정하지 못하는 사람은 그 누구로부터도 인정받을 수 없습니다.

나중에 성인(聖人)으로 칭송받는 공자의 나날들도 우리처럼 비틀거림의 연속이었습니다. 신이 아니라 인간에 불과했던 사람, 결핍을 느꼈던 사람, 안 되는 줄 알면서도 포기하지 않았던 사람[知其不可而爲之者 지기불가이위지자]이 공자입니다.

우리는 모두 신이 아닙니다. 인간이기 때문에 실패하고, 불완전합니다. 실패한다는 것은 시도했다는 것이기에 오히려 격려받을 만합니다. 우리 스스로를 응원하고 사랑해 주자고요. 실패를 안고 살아야 하는 인생이라면 실패에 좀 더 관대해지는 게 어떨까요? 작심삼일도 꾸준히 하다 보면 어느새 원하는 것에 근접해 있을 것입니다.

人不知而不慍 不亦君子乎.
인부지이불온 불역군자호.

사람들이 알아주지 않더라도 성내지 않는다면 군자가 아니겠는가!

不患人之不己知 患不知人也.
불환인지불기지 환부지인야.

남이 자신을 알아주지 못함을 걱정하지 말고, 내가 남을 알지 못함을 걱정해야 한다.

不患無位 患所以立.
불환무위 환소이립.
不患莫己知 求爲可知也.
불환막기지 구위가지야.

지위가 없음을 걱정하지 말고, 무엇을 가지고 설 것인가를 걱정하라. 자신을 알아주지 않음을 걱정하지 말고 알려질 수 있기를 구하라.

不患人之不己知 患其不能也.
불환인지불기지 환기불능야.

남이 나를 알아주지 못함을 걱정하지 말고, 자신의 능하지 못함을 걱정해야 한다.

君子病無能焉 不病人之不己知也.
군자병무능언 불병인지불기지야.

군자는 오직 자신이 능력이 없는 것을 두려워하고, 남이 자신을 알아주지 않는 것을 두려워하지 않는다.

Don't forget

13

나무한테 한 수 배웁니다 :

수관기피, 공존의 철학

 숲을 걷다 고개를 들어 하늘을 바라보면, 잎과 가지가 닿을 듯 말 듯 간격을 두고 펼쳐진 나무들의 모습을 발견할 때가 있습니다. 나무들이 마치 서로 거리를 유지하며 경계를 지키는 듯한 이 현상을 '수관기피(Crown Shyness)'라고 합니다. 수관기피를 관찰하며 떠오르는 생각은 단순한 자연의 미학을 넘어 삶과 관계에 대한 통찰로 이어집니다. 나무들이 서로 빚어낸 하늘의 틈새는 우리가 세상, 그리고 타인과 연결되는 방식을 돌아보게 만듭니다.

수관기피는 과학적으로도 흥미로운 연구 주제입니다. 나무들은 왜 서로 닿지 않으려 하는 것일까요? 여러 가설이 있습니다.
첫 번째는 물리적 충돌 방지 가설입니다. 바람에 흔들릴 때 나무의 가지와 잎이 부딪히며 손상을 입지 않기 위해 일정한 거리를 두고 자란다는 주장입니다.

두 번째는 빛 감지에 따른 성장 억제 가설입니다. 나무들은 햇빛을 감지해 각자의 방향으로 자라며, 인접한 나무의 영역을 침범하지 않는다는 것입니다.

마지막으로 병해충의 확산을 막기 위해 간격을 유지한다는 가설도 있습니다.

왜 이 현상을 보며 우리는 매번 경외감을 느끼는 것일까요? 그것은 수관기피가 단순한 생물학적 현상을 넘어 인간 삶의 원리를 떠올리게 하기 때문입니다.

나무들의 머리 위 공간은 단순히 물리적 간격이 아닙니다. 이는 서로의 존재를 존중하며 함께 살아가는 생태적 지혜의 산물입니다. 나무들이 간격을 유지함으로써 숲의 바닥까지 햇빛이 닿고, 작은 식물과 생물들이 그 안에서 삶을 이어갈 수 있습니다. 서로를 침범하지 않음으로써 전체 숲은 조화를 이루고, 건강하게 유지됩니다.

우리 인간 사회에서도 이 원리는 적용될 수 있습니다. 현대 사회에서 우리는 종종 너무 가까워서, 혹은 너무 멀어서 갈등을 겪습니다. 수관기피는 이러한 문제들에 대한 해결책을 은유적으로 제시합니다. 중요한 것은 거리의 적절함입니다. 서로를 침범하지 않으면서도 공존하는 것, 이것이야말로 진정한 관계의 기술입니다.

우리는 관계를 맺을 때, 종종 거리의 중요성을 간과합니다. 너무 가까이 다가가 서로의 공간을 침범하거나, 반대로 지나치게 멀어져 단절되기도 합니다. 그러나 수관기피는 "거리는 단절이 아니라 조화"라는 사실을 보여줍니다. 간격을 유지한다는 것은 멀어진다는 의미가 아니라, 서로를 온전히 존중하기 위한 전략입니다.

나무들이 만들어낸 하늘의 틈새는 단순히 공간이 아니라, 배려와 공존의 증거입니다. 이 간격이 있기에 숲은 개별 나무들의 집합을 넘어 하나의 생태계로 기능할 수 있습니다. 우리가 수관기피를 보며 느끼는 아름다움은 이 배려가 만들어낸 조화에서 기인합니다.

수관기피는 단순히 생물학적 현상이 아니라, 관계에 대한 은유입니다. 우리는 때로 서로를 너무 밀어내거나, 지나치게 끌어당깁니다. 그러나 자연은 중용의 가치를 보여줍니다. 서로를 침범하지 않으면서도 연결될 수 있다는 것, 그것이 진정한 공존입니다.

숲을 이루는 나무들은 마치 서로에게 이렇게 속삭이는 것 같습니다. "우리는 다르지만, 함께일 때 더 강하다." 수관기피는 이런 지혜를 우리에게 시각적으로 드러냅니다. 개인과 개인, 집단과 집단 간의 관계에서도 이 원리를 배운다면, 우리는 더 조화로운 사회를 만들어갈 수 있을 것입니다.

하늘을 가득 채우는 잎사귀들 사이의 틈새는 단순히 비어 있는 공간이 아닙니다. 그것은 빛이 내려올 길이고, 새로운 생명이 자랄 통로입니다. 인간의 삶에서도 마찬가지입니다. 적절한 간격은 단절이 아니라 가능성을 창출합니다. 그 틈새는 다른 사람을 이해할 여지를 남기고, 스스로 숨 쉴 공간을 마련합니다.

숲속에서 발견한 이 단순한 현상은 우리에게 깊은 교훈을 줍니다. 세상을 살아가는 방식, 타인과 연결되는 방식에 대해 다시 한번 생각하게 만듭니다. 수관기피는 우리에게 이렇게 말하는 듯합니다.

"멀지도 가깝지도 않게, 서로를 존중하며 살아가라."

Don't forget

★
★
★
★

빈 배에게서 한 수 배웁니다 :

빈 배에게는 화를 낼 수 없습니다.

 장자는 뱃놀이를 즐기곤 하였습니다. 어느 날, 혼자 뱃놀이하다가 잠이 들었고, 지나가던 배에 쿵 하고 부딪혀 잠에서 깨어났습니다. 화가 난 장자는 따져 묻기 위해 벌떡 일어나 건너편 배를 바라보았습니다. 그러나 그곳에는 빈 배만 있었고, 아무도 타고 있지 않았습니다. 누군가 타고 있어야 화를 낼 수 있을 터인데, 빈 배뿐이었습니다. 이는 장자 외편 '산목(山木)'에 수록된 '빈 배(虛舟)' 이야기입니다.

빈 배에게는 화를 낼 수 없습니다. 자기를 비우고 산다면, 무언가를 잃을까 두려워할 일도 없고, 초조해할 일도 없습니다. 욕심을 낼 일도, 분노로 다툴 일도 없습니다. 비움은 자신을 자유롭게 합니다. 매번 다른 배역을 맡아 연기해야 하는 배우들이 가장 중요하게 여기는 덕목도 바로 비움입니다. 하나의 인물을 창조하기 위해서는 본연의 모습과 이전에 연기한 인물들을 완전히 지워내는 과정이

필요합니다.

비움, 덜어냄이 주는 효용은 비즈니스 세계에서도 동일하게 작용합니다. 스티브 잡스가 자신이 설립한 애플에서 쫓겨났다가 회사가 위기에 처하자 복귀하여 가장 먼저 한 일은 새로운 제품을 추가하는 것이 아니라, 불필요한 제품을 제거하는 일이었습니다.

철학자 카를 포퍼 또한 "인생은 문제 해결의 연속이며, 최선의 선택보다 최악의 회피가 더 중요하다."고 말하였습니다. 인간의 삶에서 벌어지는 대부분의 갈등은 관계에서 비롯됩니다. 어떤 사람과 문제가 생겼을 때 화를 내느냐 마느냐, 스트레스를 받느냐 마느냐는 결국 자신의 마음에 달려 있습니다. 해로운 사람은 멀리하거나 아예 빈 배로 여기는 것이 낫습니다. 곁에 두고 기를 쓰며 바꾸려 하거나 이해하려 해봤자 결국 나 자신만 지치게 됩니다.

최근 도로 위 보복 운전이 급증하고 있다는 기사를 본 적이 있습니다. 운전 중 '끼어들었다', '경적을 울렸다'는 등의 사소한 이유로 상대 차량을 삼단봉으로 파손하거나 가스총으로 위협하는 사건까지 벌어지고 있습니다. 꼭 도로 위가 아니더라도, 순간의 분노를 이기지 못한 채 발생하는 범죄는 점점 늘고 있습니다. 마음이 가득 차 있을 때는 문제가 되던 일도, 빈 배처럼 마음을 비우면 더 이상 불편하게 느껴지지 않습니다.

"사람이 자신을 비울 수 있다면 세상과 더불어 살아갈 수 있고[人能虛己以遊世, 인능허기이유세], 그 누구도 그를 해칠 수 없을 것이다[其孰能害之, 기숙능해지]."라는 말처럼, 화가 날 때, 분노가 치밀어 오를 때, 그 분노를 터뜨릴 상대를 빈 배로 여기시기를 바랍니다.

장자의 '빈 배 이야기'는 말합니다.

"진정한 힘의 원천은 비움에 있으며, 마음이 비어 있다면 세상에 해내지 못할 일이 무엇이겠는가?"

배로 강을 건널 때, 빈 배가 떠내려와 내 배에 부딪히면 아무리 속이 좁은 사람이라도 화를 내지 않습니다. 그러나 그 배에 누군가 타고 있다면 화를 내고 소리를 지릅니다. 한 번 소리쳐 말을 듣지 않으면 두 번 소리치고, 그래도 듣지 않으면 세 번 소리치며, 그다음에는 욕설을 퍼붓게 됩니다. 처음에는 화를 내지 않다가 나중에 화를 내는 이유는, 처음에는 빈 배였지만 나중의 배에는 사람이 타고 있었기 때문입니다. 이처럼 세상 사람들이 자기를 비우고 산다면, 누가 그들을 욕하겠습니까? 세상을 살아가며 다툼이나 싸움이 생길 때, 상대를 빈 배로 여긴다면 싸울 일도 사라질 것입니다.

Don´t forget

★
☆
★
★

15

고양이한테 한 수 배웁니다 :

영역 동물

우리는 본질적으로 영역 동물입니다. 고양이가 집을 떠돌면서도 자신만의 영역을 철저히 구분하듯, 인간도 공간뿐만 아니라 사회적, 심리적 영역을 지니고 있습니다.

친구, 가족, 동료. 우리는 수많은 사회적 관계 속에서 살아갑니다. 하지만 모든 관계가 가까울 필요는 없습니다. 인간관계에도 '적정 거리'가 있습니다. 너무 가까우면 숨이 막히고, 너무 멀면 고립됩니다.

가족과도 적당한 거리가 필요합니다. 연인 관계에서도 상대의 공간을 존중하지 않으면 금세 갈등이 생깁니다. 누군가가 나의 생각을 침범하거나, 내가 원하지 않는 방식으로 접근할 때 불편함을 느끼는 건 자연스러운 일입니다.

필요하다면 '거절'할 줄도 알아야 합니다. 모든 초대에 응하지 않아도 되고, 모든 관계를 붙잡을 필요도 없습니다. 인간관계에서 중요한 것은 '양'이 아니라 '질'입니다.

　예를 들어, 내가 좋아하는 것을 깎아내리는 사람에게 굳이 설명하고 설득할 필요는 없습니다. 내 가치관을 부정하는 사람과 끝없는 논쟁을 벌이는 것도 소모적일 뿐입니다. 때로는 "그건 당신의 생각이고, 나는 내 생각이 있다."는 태도가 필요합니다. 우리는 모두 다른 신념과 감정을 지닌 존재들입니다. 내 생각을 지키되, 동시에 타인의 영역도 존중하는 태도가 균형을 유지하는 열쇠입니다.

　고양이는 영역 동물입니다. 자신만의 공간을 철저히 구분하고, 익숙한 냄새와 익숙한 동선 속에서 안정을 찾습니다. 새로운 고양이가 자신의 영역에 들어오면 쉽게 받아들이지 못하고, 긴장과 경계 속에서 오랜 시간을 보냅니다. 심지어 작은 변화에도 스트레스를 받으며, 기존의 질서를 유지하기 위해 으르렁거리기도 합니다.

　그런데 곰곰이 생각해 보면, 사람도 다르지 않습니다. 우리는 고양이보다 더 정교하고 복잡한 방식으로 영역을 지키려 합니다. 단순히 집과 방, 사무실 같은 물리적 공간뿐 아니라, 생각과 가치관, 습관과 감정의 영역까지도 포함됩니다. 특히 사랑하는 사람과 한 공간에서 살아간다는 것은 단순한 동거 이상의 의미를 가집니다. 각자의 영역을 가진 두 존재가 하나의 조화를 이루는 과정이기 때문입니다.

　연인이든, 부부든, 혹은 가족이든 함께 살아간다는 것은 서로의 영역을 인정하는 과정입니다. 이는 고양이의 합사(合舍) 과정과도 닮아 있습니다. 서로가 익숙해질 시간을 충분히 갖지 않으면 충돌이 일어나고, 각자의 습관과 생활 방식을 존중하지 않으면 불편함이 쌓입니다. 서두르면 관계는 어긋나고, 서서히 단계를 밟아야 비로소 평온이 찾아옵니다.

고양이의 합사에서 가장 중요한 것은 격리와 냄새 교환입니다. 처음부터 한 공간에 두면 싸움이 벌어질 수밖에 없기 때문입니다. 사람도 마찬가지입니다. 연인이 처음 동거를 시작하거나, 신혼부부가 한 집에서 생활을 시작할 때, 각자의 방식과 생활패턴을 그대로 유지하려 하면 마찰이 생깁니다. 먼저 서로의 습관을 이해하고, 조금씩 냄새를 섞어가듯 생활패턴을 조율하는 시간이 필요합니다.

고양이들은 냄새를 공유하면서 점차 상대를 받아들입니다. 마찬가지로 사람도 상대의 존재를 조금씩 받아들이며 관계를 쌓아갑니다. 갑작스럽게 상대의 모든 것을 바꾸려 하거나, 자신의 방식을 강요하면 반발심이 생깁니다. 영역이 침범당했다는 본능적 불안감이 작동하기 때문입니다.

좋은 관계란 나의 영역과 상대의 영역이 부드럽게 연결된 상태를 의미합니다. 각자의 영역을 인정하고 존중할 때 조화가 이루어집니다. 우리는 종종 상대의 영역을 침범하면서도 그것을 인식하지 못합니다. 내 방식이 옳다고 생각하며 상대에게 강요하고, 상대의 습관이 나와 다르면 불편해하며 고치려 합니다. 그러나 조화를 이루는 것은 상대를 바꾸는 것이 아니라, 서로의 다름을 인정하는 것에서 시작됩니다.

고양이가 새로운 환경에 적응하는 데 시간이 필요하듯, 사람도 새로운 관계 속에서 적응할 시간이 필요합니다. 사랑하는 사람과 함께 살기 시작했다면, 처음부터 모든 걸 맞추려 하지 말고 천천히 알아가는 과정을 존중해야 합니다. 서두르면 마찰이 생기고, 천천히 가면 관계는 단단해집니다.

고양이는 상대의 냄새를 공유하며 거부감을 줄여갑니다. 사람도 마찬가지로, 서로의 생활 방식을 조금씩 받아들이며 관계를 조율해야 합니다. 상대의 습관을 무조건 불편하게 여기지 말고, 그 안에서 서로가 조화를 이룰 수 있는 접점을 찾아야 합니다.

아무리 가까운 사이더라도 개인의 공간과 시간을 존중해야 합니다. "사랑한다면 모든 걸 함께 해야 한다."는 생각은 위험한 착각입니다. 함께 살아도 각자의 시간이 필요하고, 각자의 세계가 존재해야 합니다. 서로의 영역을 인정할 때, 관계는 오히려 더 단단해집니다.

고양이의 합사가 실패하는 가장 큰 이유는 서로의 속도를 맞추지 않기 때문입니다. 서두르면 싸움이 나고, 존중하지 않으면 스트레스가 쌓입니다. 그러나 시간을 두고 천천히 익숙해지면, 결국 한 공간에서 평온한 관계를 형성할 수 있습니다.

사람도 다르지 않습니다. 사랑하는 사람과 살아간다는 것은, 나의 영역과 상대의 영역이 조화롭게 이어지는 과정입니다. 무리하게 맞추려 하지도, 무리하게 바꾸려 하지도 말아야 합니다. 서로의 다름을 이해하고, 조화롭게 살아가는 지혜를 깨닫는 것이 진정한 관계의 성숙이 아닐까요?

우리는 모두 각자의 세계를 가지고 있습니다. 그러나 그 세계는, 서로의 이해와 존중 속에서 더욱 풍요로워질 수 있습니다.

Don´t forget

★ _____
★ _____
★ _____
★ _____

16

수리부엉이에게 한 수 배웁니다 :

눈을 키우고, 귀를 조정하고, 깃털을 바꿔라.

수리부엉이는 침묵의 사냥꾼입니다. 그 거대한 날개를 퍼덕여도, 날아오르는 소리가 들리지 않습니다. 깃털의 구조가 소음을 흡수하고, 날갯짓의 각도는 공기의 흐름을 조용히 가릅니다. 사냥감을 정확히 포착하기 위해 눈은 전방을 향해 깊게 자리 잡았고, 귀는 비대칭으로 배치되어 작은 움직임도 놓치지 않습니다. 모든 신체 구조가 '밤'이라는 환경에 맞추어 변했습니다.

적응은 생존의 첫 번째 조건입니다. 변화하는 환경에 맞추어 자신을 바꿔야 살아남을 수 있습니다. 수리부엉이가 낮의 세계에서 독수리와 경쟁하려 했다면, 그 거대한 눈은 빛에 취약해 무용지물이 되었을 것입니다. 어둠 속에서 강자로 군림하는 이유는, 철저히 '밤의 세계'에 맞추어 자신을 조율했기 때문입니다.

우리도 마찬가지입니다. 많은 이들이 과거에 머물며 변화를 거부합니다. 익숙한 길만을 걸으려 하고, 변화를 두려워합니다. 그러나 수리부엉이가 그랬듯이, 우리가 서 있는 환경을 받아들이고 그에 맞추어 변할 때 비로소 살아남을 수 있습니다.

수리부엉이도 처음부터 조용한 사냥꾼이 아니었습니다. 오랜 세월, 밤의 세계에서 살아남기 위해 눈을 키우고, 귀를 조정하고, 깃털을 바꾸어 갔습니다. 변화에 적응하는 것은 하루아침에 이루어지지 않습니다. 때로는 시행착오를 겪고, 때로는 방향을 잃을 수도 있습니다. 하지만 중요한 것은 '적응하려는 의지'입니다.

수리부엉이가 밤의 사냥꾼이 될 수 있었던 것은 '어둠' 속에서 자신의 강점을 살렸기 때문입니다. 우리는 어떤 환경에서도 나만의 강점이 무엇인지 깊이 들여다보아야 합니다. 그것이 곧 살아남을 길이 됩니다.

수리부엉이는 결국 밤이라는 환경 속에서 최적의 존재가 되었습니다. 우리도 각자의 삶에서 변화를 받아들이고, 나만의 방식으로 적응해 나간다면, 그곳이 바로 우리가 가장 빛날 무대가 될 것입니다.

Don't forget

★
★
★
★

17

선(善)의 이치에서 한 수 배웁니다 :

적선이란?

 우리는 오래전부터 "적선지가 필유여경(積善之家, 必有餘慶)"이라는 말을 들어왔습니다. '선을 쌓은 집에는 반드시 남는 경사, 즉 여유로운 복이 있다'는 뜻으로 흔히 해석됩니다. 많은 사람들이 이 문장을 '착한 일을 많이 하면 복이 따른다'는 식으로 받아들이지만, 저는 여기에 조금 다른 해석을 더해보고 싶습니다.

'선(善)'을 단지 '착함'이라는 윤리적 의미로만 국한하지 말고, 그 근본 뜻인 '좋음', '잘함', '탁월함'의 차원에서도 바라봐야 합니다. 우리가 사전에서 '선(善)'의 어원을 들여다보면, '좋다', '훌륭하다', '능하다'라는 의미가 먼저 등장합니다. 다시 말해 '선'은 도덕적인 선함을 넘어, 존재의 본질적 능력, 자질, 품질의 우수함까지 아우르는 개념이라는 것입니다.

이런 관점에서 보면 '적선'이란, 꼭 착한 일을 많이 하는 것만을 의미하지 않습니다. 내가 잘하는 일을 평소에 꾸준히 쌓아가는 것, 내가 좋아하는 것을 미리미리 갈고닦아 두는 것도 '적선'이 됩니다. 즉, '적선'이란 '장점의 축적', '탁월함의 저축'이라고도 해석할 수 있는 셈입니다.

저를 예로 들어보면, 저는 책을 읽고 글을 쓰고, 노래를 듣고 곡을 쓰는 일을 좋아합니다. 그리고 비교적 잘하는 일이기도 하지요. 그렇게 평소에 노래 읽기, 노래 쓰기, 책 읽기, 책 쓰기를 꾸준히 반복해왔습니다. 그게 바로 저만의 적선이었습니다. 그냥 하루하루 흘려보낸 것이 아니라, 나만의 영역에서 좋음을 쌓아온 것입니다.

그러던 어느 시점, 운이 들어왔을 때, 저는 이미 씨앗을 심어둔 사람이었기에 꽃을 피울 수 있었습니다. 운이 좋아서 된 일이 아니라, 준비되어 있었기 때문에 운이 도착했을 때 그 운을 내 것으로 만들 수 있었던 것입니다. 운이 아무리 좋아도, 땅에 아무것도 심지 않았다면 꽃은 피지 않습니다. 그리고 그 '심는 행위'가 바로 적선입니다.

제가 시원스쿨 인문학 대표강사로 활동하게 된 것도, 수많은 버전의 주역과 논어, 노자 도덕경, 손자병법 등을 일찌감치 탐독해두었던 적선의 결과입니다. 단지 한두 번 읽은 것이 아닙니다. 반복하고, 정리하고, 해석하며 내 안에 스며들게 만든 시간들이 있었습니다. 그 축적이 어느 날 기회의 문이 열릴 때, 저를 그 자리에 서게 만든 것입니다.

지금 제가 하는 모든 활동—강연도, 방송도, 작사도, 프로젝트도—그 시작은 전부 그 이전의 '적선'에서 비롯되었습니다. 이는 갑자기 얻어진 결과가 아니라, 시간차를 견딘 노력의 열매입니다. 이때 '필유여경(必有餘慶)'에서 주목해야 할 단어는 바로 '여餘'입니다. 여유분의 복, 남아도는 경사라는 뜻입니다. 즉, 지금 당장의 결과를 말하는 것이 아닙니다. 당장 보이지 않지만 언젠가 돌아오는 복, 심어두었기에 언젠가 피어나는 기쁨을 뜻합니다. 그래서 이 말은 단순한 보상의 원리가 아닙니다. 시간과 인내, 그리고 자기 내면의 장점을 잊지 않고 쌓아가는 삶의 태도에 대한 조언입니다.

적선이 성과로 나타나기까지는 반드시 '시간차'가 존재합니다. 그래서 중요한 건 이 시간차를 어떻게 견디느냐입니다. 무작정 기다리는 것이 아니라, 기다리는 동안에도 '두 가지 적선'을 계속하라는 것이 이 법칙의 본질입니다. 저는 이를 다음과 같이 정리합니다.
첫째, 사필따 적선. 사랑스러운 말과 행동을 하자. 필요한 말과 행동만 하자. 따뜻한 말과 행동을 하자.

이것은 일상의 태도에 관한 적선입니다. 내 말과 행동이 누군가에게 힘이 되고, 기운이 되고, 위로가 되도록 만드는 것입니다. 이는 단순한 도덕적 실천이 아닙니다. 결국 나 자신을 밝히고, 내 안의 기운을 고르게 만드는 힘이 됩니다. 어떤 기운을 품고 사느냐가 곧 어떤 삶을 끌어당기느냐를 결정짓기 때문입니다.

둘째, 장점 발휘의 적선. 내가 잘하는 것, 좋아하는 것을 꾸준히 반복하며 쌓는 것입니다. 음악을 좋아하면 음악을, 글을 좋아하면 글을, 사람을 좋아하면 관계를. 그것이 무엇이든, 평소에 반복하고 다듬는 과정이 필요합니다. 그건 결코 시간 낭비가 아닙니다. 운이 올 때를 대비한 정당한 축적입니다.

세상은 무작정 착하기만 한 사람에게 복을 주지 않습니다. 세상은 자신을 아끼고 가꾸며, 좋아하는 일에 자신을 밀어넣은 사람에게 가능성을 줍니다. 그래서 '적선'은 단지 착함이 아니라, '좋음의 체화'입니다. 나의 장점을 일상 속에서 나누고 가꾸며, 그 흐름 속에서 사람도 복도 기회도 자연스럽게 따라오게 만드는 힘입니다.

그러니 이제부터라도 질문을 바꾸어야 합니다. "어떤 선행을 해야 복을 받을까?"에서 "나는 무엇을 잘하고, 무엇을 좋아하며, 그것을 어떻게 쌓아가고 있을까?"로.

이것이 '선(善)의 이치'입니다. 그 이치에 따라 꾸준히 나의 적선을 해나갈 때, 필경 언젠가 '여경'은 당신의 삶에 조용히 피어날 것입니다. 지금은 보이지 않아도, 시간차를 견디며 쌓은 선은 반드시 당신을 꽃피우는 순간으로 데려다 줄 것입니다.

Don't forget

★ ....
★ ....
★ ....
★ ....

18

다섯 가지 하기 법칙에서 한 수 배웁니다 :

일이삼사오

 우리는 살아가면서 크고 작은 결심을 합니다. "내일부터 운동해야지." "이번 주 안에 꼭 정리해야지." "조만간 연락해 봐야지." 하지만 이러한 결심들이 실제 행동으로 이어지지 않는 경우가 참 많습니다. 마음은 굴뚝같지만 몸은 움직이지 않고, 해야 할 일들은 점점 쌓여만 갑니다. 그럴 때 우리를 도와줄 수 있는 것이 바로 "다섯 가지 하기 법칙", 곧 일이삼사오입니다. 단순한 숫자의 나열 같지만, 이 안에는 일상을 움직이게 하는 깊은 통찰이 담겨 있습니다.

일, 일단 하기

가장 먼저 필요한 것은 생각보다 '행동'입니다. 많은 사람이 어떤 일을 앞에 두고 완벽한 준비와 계획을 세우려 합니다. 하지만 완벽을 추구하는 마음이 오히려 시작을 방해합니다. 결국 시작조차 하지 못하고 미루게 됩니다. "일단 하기"는 완벽하지 않아도, 부족해 보여도, 지금 당장 한 걸음 내딛는 것입니다. 작은 시작이 큰 흐름을 만듭니다. 글을 써야 할 때 첫 문장이라도 쓰고, 정리를 해야 할 때 책상 위 물건 하나라도 치우고, 전화해야 할 사람이 있다면 번호라도 눌러보는 것. 행동은 생각보다 앞서야 합니다. 생각만 하는 사람과 일단 움직이는 사람의 차이는 시간이 지날수록 커집니다.

이, 이해하기

무작정 하기보다 중요한 것은 그 일이 왜 필요한지 이해하는 과정입니다. 무엇을 위해 이 일을 해야 하는지, 그것이 나의 삶에 어떤 의미를 갖는지를 파악하는 것은 매우 중요합니다. 이해 없는 실행은 지치기 쉽습니다. 의미 없이 반복되는 일상은 결국 권태로 이어집니다. 하지만 그 일의 본질을 이해하면, 같은 일도 다르게 느껴집니다. 청소도 단순한 노동이 아니라 '내 공간을 돌보는 일'로 이해하면 즐거워질 수 있고, 운동도 '몸을 관리하는 자기 돌봄'으로 이해하면 지속될 수 있습니다. 이해는 동기와 연결되어 있고, 동기는 행동을 지속시키는 원동력입니다.

삼, 삼가기

여기서 삼가기는 '하지 말아야 할 것'을 의식하는 태도입니다. 욕심, 과속, 비교, 불필요한 걱정, 비난 같은 것들이 여기에 해당합니다. 무언가를 하려면 동시에 무언가를 멈춰야 합니다. 삼가야 할 것들이 많다는 건 그만큼 자신을 관리할 요소들이 많다는 뜻이기도 합니다. 특히 현대인들은 정보 과잉, 감정 소모, 관계 스트레스 속에서 쉽게 지칩니다. 삼가기의 실천은 불필요한 것에서 벗어나는 것이며, 나를 위한 공간을 지키는 일입니다. 말 한마디, 행동 하나도 삼가는 마음으로 한다면 실수도 줄고 후회도 줄어듭니다. 덜어내는 삶, 절제하는 태도는 오히려 삶을 더 단단하게 만들어 줍니다.

사, 사랑하기

　삶을 지속 가능하게 만드는 가장 큰 힘은 결국 사랑입니다. 사랑이 없는 행동은 메마릅니다. 자신을 사랑하지 않는 사람은 타인을 진심으로 사랑하기 어렵습니다. 자신이 하는 일에 애정을 가지지 않으면 오래 지속하기 힘듭니다. 사랑하기는 곧 연결의 태도입니다. 내가 하는 일, 내가 만나는 사람, 내가 살아가는 오늘이라는 시간과 마음으로 연결되는 것입니다. 사랑하기는 큰 사건이 아니라 작은 배려와 관심에서 시작됩니다. 무심코 지나치는 사람에게 인사를 건네고, 스스로에게 따뜻한 말을 해주고, 하루 끝에 수고했다고 말해주는 것. 이런 사소한 사랑이 우리 삶의 온도를 바꿔줍니다.

오, 오늘 하기

　마지막은 '오늘'입니다. 사람들은 종종 내일을 말합니다. 내일은 언제나 희망적입니다. 하지만 내일은 실체가 없습니다. 오직 우리가 실질적으로 움직일 수 있는 시간은 바로 오늘뿐입니다. 오늘 하지 않으면 내일도 하지 못합니다. 오늘을 놓치지 않는 것이야말로 진짜 실행력입니다. 오늘 해야 할 일을 내일로 미루지 않고, 오늘 전하고 싶은 말을 바로 건네는 것, 오늘 하고 싶은 것을 지금 해보는 것. 그렇게 매일을 살아가면, 언젠가는 그것들이 쌓여 인생의 방향을 바꿉니다. 오늘을 충실히 사는 사람이 결국 미래를 바꿉니다.

　일이삼사오는 외우기도 쉽지만, 실천은 절대 가볍지 않습니다. 그러나 한 번 이 법칙을 삶에 적용해 보면, 어느새 조금씩 변화가 생깁니다. 행동이 생기고, 이해가 깊어지고, 절제가 생기고, 사랑이 스며들며, 결국 매일이 살아 있는 하루로 바뀝니다.

우리는 매일 선택의 기로에 놓입니다. 미룰 것인가, 해볼 것인가. 외면할 것인가, 이해할 것인가. 소모할 것인가, 절제할 것인가. 무관심할 것인가, 사랑할 것인가. 내일로 넘길 것인가, 오늘 할 것인가. 그 선택의 갈림길에서 이 다섯 가지 원칙을 떠올려 보십시오.

일단 하십시오.
이해하며 하십시오.
삼가는 마음으로 하십시오.
사랑하며 하십시오.
오늘 하십시오.

그것이 일이삼사오, 다섯 가지 하기 법칙입니다. 단순하지만 강력한, 실천하는 사람만이 누릴 수 있는 지혜입니다.

Don´t forget

★
★
★
★

Learning for Life ◆ 2

자연과 우주에서 배우는 세계 질서

19

양자역학에서 한 수 배웁니다 :

전자는 사실 궤도를 돌고 있지 않습니다.

 우리는 삶을 확실한 궤도로 이해하려 합니다. 태양 주위를 도는 지구처럼, 혹은 원자핵 주위를 도는 전자처럼, 마땅한 길이 정해져 있고, 우리는 그 길을 따라 자연스럽게 흘러가야 한다고 믿습니다. 하지만 현대 물리학, 특히 양자역학은 이 단순한 믿음에 의문을 던집니다.

전자는 우리가 기대하는 것처럼 정해진 궤도를 따라 돌지 않습니다. 오히려, 전자는 확률적으로 존재하며, 한곳에 확정적으로 머무르지 않습니다. 우리가 관측하기 전까지, 전자는 마치 공간을 가득 채운 구름처럼 퍼져 있고, 특정한 위치에서 발견될 확률이 높을 뿐입니다. 이 전자구름의 개념은, 우리가 '분명한 길'을 찾고자 할 때, 실은 그 길이 고정되어 있지 않음을 시사합니다. 마치 우리의 삶이 그렇듯이 말입니다.

우리는 자주 불안을 느낍니다. 정해진 길을 따라가야 한다고 배웠지만, 현실은 그렇지 않기 때문입니다. 사회는 성공의 궤도를 정해 놓고, 우리는 그 위에서 벗어나지 않으려 안간힘을 씁니다. 좋은 대학, 안정적인 직장, 결혼, 내 집 마련. 그러나 그 길을 따라간다고 해서 반드시 행복이 보장되는 것은 아닙니다. 반대로, 궤도를 벗어난 사람들은 실패했다는 낙인을 받곤 합니다.

하지만 양자역학이 보여주듯이, 전자도 정해진 궤도를 따라 돌지 않습니다. 오히려 불확실한 상태로 존재하며, 어떤 순간에는 여러 가능성을 동시에 품고 있습니다. 삶도 마찬가지입니다. 우리는 어떤 선택을 하든 단 하나의 길만 있는 것이 아닙니다. 때로는 우리가 예상하지 못한 방향으로 삶이 흘러가고, 그 길이야말로 우리에게 가장 적합한 길일 수 있습니다.

동양철학에서도 불확실성을 긍정적으로 바라봅니다. 노자는 도덕경에서 "도가도 비상도(道可道 非常道)"라고 말했습니다. 세상은 끊임없이 변하며, 고정된 원칙이나 방식은 없습니다. 장자는 "나비의 꿈" 이야기를 통해 자아와 현실의 경계를 흐릿하게 만들었습니다. 이는 우리가 알고 있는 것이 절대적 진리가 아닐 수 있음을 보여줍니다.

삶에서 불확실성을 인정하는 것은 어려운 일입니다. 하지만 그것이야말로 우리를 자유롭게 만듭니다. 전자가 특정한 궤도를 따르지 않고 확률적으로 존재하듯, 우리 역시 반드시 정해진 삶의 궤도를 따라갈 필요는 없습니다. 실패를 두려워하지 않아도 되고, 예상치 못한 변화에 대한 불안을 가질 필요도 없습니다.

때로는 잘 보이지 않는 길이 우리를 가장 멀리 데려가기도 합니다. 어딘가에서 길을 잃었다고 느껴질 때, 사실 우리는 더 넓은 가능성 속에 존재하고 있는 것일지도 모릅니다.

그러니 지금 이 순간, 삶의 궤도를 벗어났다고 불안해하지 마십시오. 삶은 고정된 궤도를 도는 것이 아니라, 다양한 가능성이 공존하는 하나의 전자구름입니다. 중요한 것은 어느 한 곳에 얽매이지 않고, 변화 속에서 나만의 흐름을 찾아가는 것입니다.

전자가 궤도를 돌지 않듯, 우리도 특정한 길을 따라야만 하는 존재가 아닙니다. 불확실함 속에서도 우리는 존재하고, 그 자체로 충분합니다.

Don´t forget

★
★
★
★

20

우주로부터 한 수 배웁니다 :

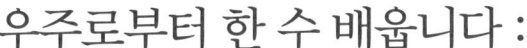

우주의 색은 검은가, 베이지인가?

　밤하늘을 올려다보면 온통 검은색입니다. 달과 별이 반짝이지만, 그 틈을 가득 채운 어둠은 깊고도 짙습니다. 우리는 자연스럽게 우주를 검다고 인식합니다. 그러나 과학자들이 20만 개가 넘는 은하에서 나오는 빛을 평균 내어 분석한 결과, 우주의 색은 검은색이 아니었습니다. 의외로 연한 베이지색, 즉 '코즈믹 라떼(Cosmic Latte)'에 가까웠습니다.

　우주는 검다고 믿었지만, 실상은 그렇지 않았습니다. 우리가 보는 것과 존재하는 것은 다를 수 있습니다. 그리고 그 간극 속에서 우리는 자주 오해하고, 때로는 좌절합니다. 우리가 보지 못한다고 해서 그것이 존재하지 않는 것은 아닙니다. 다만, 아직 우리의 시야가 거기까지 미치지 못한 것뿐입니다. 우주의 빛도 마찬가지입니다. 어둠 속에서도 모든 은하는 각자의 색을 띠고 빛을 내고 있습니다. 우리가 보는 것은 그저 진공의 검은 배경일 뿐, 실상은 무수한

빛이 존재하고 있습니다. 이처럼 우리의 삶도, 우리가 느끼는 것 이상으로 많은 의미와 가능성을 품고 있을지 모릅니다.

살면서 가장 힘든 순간은 빛이 보이지 않을 때입니다. 고통스러운 날들이 이어지면, 사람들은 절망에 빠집니다. 앞이 보이지 않으니 길이 없다고 착각합니다. 하지만 길은 늘 있습니다. 다만 지금 보이지 않을 뿐입니다. 우리가 우주를 검다고 믿었던 것처럼, 우리의 삶도 어둡다고 단정 짓지 말아야 합니다. 사실은 베이지색일지도 모릅니다. 아직 우리가 보지 못한 빛이 있을 뿐입니다.

고통과 시련이 찾아올 때, 우리는 "이것도 지나가리라."라는 태도를 가져야 합니다. 모든 별은 먼지 속에서 태어나고, 엄청난 압력을 견디며 빛을 발합니다. 우리의 삶도 그렇습니다.

지금 힘들다면, 그것은 당신이 여전히 성장하고 있다는 증거입니다. 한 치 앞도 보이지 않는 어둠 속에서도, 당신은 빛을 내고 있습니다. 단지 스스로 보지 못할 뿐입니다.

밤하늘이 검다고 해서 우주가 검은 것은 아닙니다. 삶이 힘들다고 해서 당신이 실패한 것은 아닙니다. 우주의 색은 코즈믹 라떼입니다. 당신의 삶도 그렇습니다. 아직 보지 못한 따뜻한 빛이, 분명 당신 안에 있습니다.

Don´t forget

★ _____
★ _____
★ _____

21

날씨 예보로부터 한 수 배웁니다 :

중요한 것은 완벽한 예측이 아니라, 변화를 받아들이고 적응하는 능력

 날씨 예보를 확인해 보니, 비가 올 확률이 60%라고 합니다. 하지만 우산을 챙길지 말지는 여전히 고민됩니다. 혹시 비가 오지 않는다면 괜히 무거운 짐만 되는 것은 아닐까. 이처럼 우리의 삶은 언제나 예측과 선택의 연속입니다. 기상청에서는 날씨를 예측하기 위해 여러 개의 시나리오를 생성합니다. 단 하나의 결과를 단정 짓기보다는 다양한 변수들을 고려하여 가능한 모든 경우의 수를 탐색하는 것입니다. 이를 '앙상블 예측'이라고 부릅니다. 마치 오케스트라가 여러 악기의 소리를 조화롭게 섞어 하나의 음악을 만들어내듯, 날씨 예측도 다양한 요소들이 함께 작용하며 완성됩니다.

우리의 인생도 마찬가지입니다. 우리는 매 순간 크고 작은 결정을 내려야 합니다. 어떤 직업을 선택할지, 어떤 사람을 만날지, 지금의 선택이 미래에 어떤 영향을 미칠지 알 수 없습니다. 인생의 방향을 결정할 때 한 가지 길만을 고집하는 것이 아니라 여러 가능성

을 열어두는 것이 중요합니다. 미래를 하나의 정해진 길로 바라보는 것이 아니라, 다양한 시나리오를 고려하며 유연하게 대응하는 태도가 필요합니다.

현실은 불확실성으로 가득 차 있습니다. 아무리 정교한 모델을 사용하더라도 날씨 예측이 100% 정확할 수 없는 것처럼, 인생도 예측할 수 없는 변수가 항상 존재합니다. 우리는 때때로 예상치 못한 폭우를 만나기도 하고, 반대로 예상했던 폭풍이 오지 않을 때도 있습니다. 중요한 것은 완벽한 예측이 아니라, 변화를 받아들이고 적응하는 능력입니다. 동양철학에서도 변화의 흐름을 중시합니다. 주역에서 말하는 '역(易)'이란 '변한다'는 뜻이며, 세상 만물이 끊임없이 변화한다는 원리를 가르쳐 줍니다. 모든 것이 변하기 때문에, 우리는 변화 속에서도 살아남을 방법을 찾아야 합니다.

AI가 아무리 발달해도 기상 예측에는 오류가 생길 수밖에 없는 것처럼, 우리도 살아가면서 수많은 시행착오를 겪게 됩니다. 그러나 그것이 곧 실패는 아닙니다. 오히려 시행착오 속에서 우리는 더 나은 선택을 할 수 있는 법을 배웁니다. 한 번의 예측이 틀렸다고 해서 모든 것이 끝나는 것이 아닙니다. 마치 기상청이 매일 데이터를 갱신하며 더 나은 예측을 시도하는 것처럼, 우리도 삶의 흐름을 읽으며 방향을 조정해 나가야 합니다.

★
☆

22

기상청에게 한 수 배웁니다 :

기상청 욕, 한 번이라도 했던 분은
이 글을 꼭 읽으십시오.

　여러분, 기상청 날씨 예보 안 맞는다고 맨날 투덜대시죠? 날씨 예보 뭘로 확인하십니까? 저는 앱을 이용하거든요? 제가 지금 한번 볼게요. 오후 3시에 강수확률 20%라고 되어있네요. 20%는 무슨 뜻입니까? 야구로 치면 10번 타석에 들어서서 2번은 안타를 친다는 거거든요? 높은 확률은 아니지만 어쨌든 그 일이 일어날 수는 있다는 겁니다. 반대로 강수확률 80퍼센트임에도 비가 안 오는 일도 생깁니다. 기상청에서는 100퍼센트라고 예보한 적이 없어요. 할 수도 없고요. 세상에 100퍼센트라는 건 존재하지 않기 때문입니다. 신이 아닌 이상 기상청을 욕 해선 안 됩니다.

　미래는 본질적으로 예측하기 힘듭니다. 태극기를 보세요. 음과 양이 서로 맞물려서 끝없이 돌아갑니다. 일음일양지위도란 불확정성의 원리, 비선형 동역학과 복잡계를 말하고, 그게 우주의 기본 원리입니다. 양자역학의 아버지 닐스 보어가 태극 문양을 가문의 대

표 문양으로 남기며 그토록 사랑했던 이유가 이해됩니다. 양자역학으로 노벨상을 받고, 양자컴퓨터가 실제로 만들어지는 시대가 되었음에도 바뀌지 않는 원리가 있습니다. 양자역학의 기본 주장 역시, 전자의 위치를 포함해 세상 모든 건 확률로만 논할 수 있다는 겁니다.

미래학의 핵심은 미래를 한없이 정교하게 예측하는 것이 아니라 '어떤 시간 스케일에서 얼마의 정확도(level of confidence)로 미래를 예측할 수 있는지의 확률을 이해하는 것'으로 출발합니다. 우리가 6개월 후 날씨는 예측하기 힘들지만, 이번 주 날씨는 예측하는 이유가 바로 그것입니다. 기압, 온도, 고도의 인과관계를 다루는 유체역학의 Navier-Stokes equations은 비선형적이라 정확하게 예측할 수 없지만, 어떤 time scale에서 얼마나 정확하게 예측할 수 있는지는 계산할 수 있습니다. 그럼 우리는 확률을 이용하여 그 데이터를 현명하게 활용하면 됩니다.

강수 정확도란, 기상청이 예보한 날씨와 그 후 실제 관측된 날씨가 얼마나 일치했는지를 퍼센트(%)로 나타낸 지표입니다. 예컨대 기상청이 '비가 온다'고 예측했는데 정말로 비가 왔거나, '비가 오지 않는다'고 했는데 실제로 비가 내리지 않은 경우를 합산한 비율을 나타낸 것이죠. 이 같은 방법으로 강수 정확도를 산출할 경우, 정확도는 평균 91%에 달합니다. 눈 여겨 볼 구간은 장마철인 6~8월입니다. 평균 정확도는 90%를 웃도는 수준이지만, 7월과 8월의 정확도는 각각 83%와 80%를 기록하는 데 그쳤습니다. 상대적으로 장마철의 기후 예측이 어렵다는 사실을 알 수 있습니다. 장마철

기후 예측이 힘든 이유는 소나기 때문입니다. 여름철 소나기는 모든 조건이 동일하더라도 약간의 대기 상태 변화에 따라 그 양상이 확연히 달라집니다. 우리 인생도 마찬가지고요.

슈퍼컴퓨터를 이용하여 기상청이 열심히 예측 모델을 만들어도 100퍼센트 예측을 못 하지만, 아무도 날씨 예측을 유사과학이라 하지 않습니다. 미래학, 운명학도 크게 다르지 않습니다. 미래를 100퍼센트 예측하는 데 집중하는 게 아니라, 내가 처한 조건과 상황을 알아낸 뒤 앞으로 무엇을 실천하며 살아야 길흉화복 중 흉화를 낮추고 길복을 증가시킬 수 있는가에 집중하십시오. 그게 운명학의 올바른 사용법입니다.

타학문을 잘 모르면서 함부로 '유사과학'이라고 비판하는 태도는 과학적이지 않습니다. 애초에 과학이란 단어 자체가 [과거시험의 과목에 해당하는 학문]이 어원이거든요? 주역과 명리는 엄연히 조선시대 음양과에 해당하는 시험과목입니다. 그 시험에 합격하면 관상감에서 근무하게 되지요. 그게 바로 지금의 기상청입니다. 함부로 말해선 안 되는 것을 함부로 말하지 않는 것이 과학적인 태도입니다.

"당신은 쉽게 예측이 가능한 사람입니까?"

대부분은 아니라고 답할 겁니다. 그런데 안타깝게도, 앨버트 라슬로 바라바시에 따르면 우리는 우리가 생각하는 것 이상으로 예측 가능한 인간입니다. 놀랍게도 우리가 일상적으로 하는 행동의

93퍼센트가 예측 가능하다고 합니다. 사설탐정의 눈으로 자기 자신과 주변 사람들을 살펴보십시오. 대부분의 사람들은 정해진 시간에 일어납니다. 날마다 비슷한 메뉴를 먹고 일정한 시간에 집을 나섭니다. 회사까지 가는 동안의 행동도 날마다 똑같습니다. 회사에서는 매일 비슷한 업무를 하고 점심을 먹으러 나옵니다. 메뉴는 조금씩 다르겠지만 식당과 직장 사이의 거리는 일정 범위 내에 있을 겁니다. 그러곤 오후 업무를 보고 정해진 시간에 퇴근을 합니다. 이 패턴이 주중에는 그대로 반복됩니다. 주말에는 주말대로 패턴이 있을 겁니다.

   어떻게 우리는 예측 불가능한 인간이 될 수 있을까요? 우선은 자신이 예측 가능한 인간일지도 모른다는 전제를 받아들여야 합니다. 그리고 탐정의 눈으로 자신의 일상을 면밀히 들여다볼 필요가 있습니다. 그것을 바탕으로 조금씩 변화를 주는 겁니다. 출근길을 바꾸고 안 먹던 것을 먹고 안 하던 짓을 하며 난데없이 엉뚱하게 움직이기 시작하면 우리는 점차 예측 불가능한 인간이 되어갈 것입니다.

   반복적으로 하는 생각과 말과 행동, 그리고 내가 먹는 음식이 바로 지금의 우리를 만듭니다. 습여성성, 습관이 곧 성격이 됩니다. 이제까지의 삶이 만족스럽지 않으십니까? 현재의 삶에 변화가 필요하십니까? 간단합니다. 이제부터 '(과거의) 내가 아닌 사람'으로 살아가시면 됩니다. 내가 아닌 다른 삶을 연기하는 '배우'의 배(俳)가 人과 非로 이뤄진 건 바로 그런 뜻입니다.

내 몸과 마음, 만나는 사람, 가는 곳, 말버릇, 식습관, 삶의 패턴이 그대로인데 어떻게 운명이 바뀌겠습니까? 내가 바뀌어야 운명이 바뀌고 세상도 바뀝니다. 세상은 됐고 나를 바꾸어야 합니다. 운명의 운(運)은 운전한다는 뜻입니다. 가만히 앉아서 요행을 바라는 건 운전이 아닙니다. 그건 운명의 방향을 바꾸는 방법이 아닙니다. 나를 바꾸지 않는 사람은 사주를 백 번, 천 번을 봐도 타고난 명대로 살아갈 확률이 높습니다.

사람의 운명은 미리 정해진 게 아닙니다. 운명(運命)이란 글자가 이미 그런 뜻을 품고 있습니다. 운명이란 명(命)을 운전한다는 것이죠. 명을 운전하려면 내 차(=命)가 어떤 차인지 알아야 하고, 알고 나면 직접 내 몸을 써서 운전해야 합니다. 명(命)은 口(입, 먹다, 말하다)와 令(하여금, 명령)의 합자라는 걸 잊지 마십시오. 입이 모든 것을 바꿉니다. 세상 모든 건 음과 양의 작용이지요. 입으로 들어가는 것과 입에서 나오는 것으로 하여금 변하는 게 바로 명입니다. 무엇을 먹느냐, 무슨 말을 하느냐, 그것이 명을 좌우합니다. 좋은 말만 사용하십시오. 험한 말은 멀리하십시오. 내 몸에 맞는 음식을 드시고, 내 몸에 독이 되는 음식은 피하십시오.

말이 사람을 살립니다. '살릴 활(活)' 자가 '물 수(水)'와 '혀 설(舌)'로 이뤄진 이유는 바로 물이 사람을 살리고, 말이 사람을 살리기 때문입니다. 후목불가조(朽木不可雕), 썩은 나무로는 조각을 할 수 없습니다. 먼저 내 명(命)이 어떤지를 알고, 겸손한 말과 자세로 그 명(命)을 운전하려는 태도가 필요합니다. 후목(朽木)을 먼저 양목(良木)으로 바꿔야 합니다.

지구가 생긴 이후로 똑같았던 날씨는 단 하루도 없었다고 합니다. 우리가 매일 접하는 모든 일상이 사실은 '변화'라는 걸 우리는 놓치고 살아갑니다. 이렇게 많은 걸 일상이라는 이름 속에 흘려보내는 게 인생입니다. 사주에 따라 운명이 100퍼센트 정해진다는 것은 어리석은 생각입니다. 하지만 반대로 사주는 전혀 믿을 것이 안 된다는 생각 역시 어리석습니다. 사주는 그 사람의 성격이나 업을 반영하는, 그래서 대략의 운명 그래프를 보여주는 '지표'입니다. 비유하면 이정표와 같습니다. 이정표를 읽을 수 있으면 목적지도 다르게 설정할 수 있습니다. 이제 남은 건, 운전만 잘하면 된다는 겁니다.

Don´t forget

★ _____
★ _____
★ _____
★ _____

23

벌꿀오소리에게 한 수 배웁니다 :

"물릴 수 있다.
하지만 쓰러질 필요는 없다."

   우리는 독과 싸우고 있습니다. 뱀독이 아니라 과로와 경쟁, 비교와 불안, 실패와 후회의 독이 우리를 물어뜯고 있습니다. 그러나 우리가 그 독을 두려워할 필요는 없습니다. 벌꿀오소리가 그러했듯, 우리도 스스로 보호할 수 있습니다.

벌꿀오소리는 유전적으로 독을 이겨내는 방어체계를 발전시켰습니다. 그 비결은 '독소가 결합하는 자리 자체를 변화시킨 것'에 있습니다. 뱀독이 작용하는 신경 수용체의 구조를 바꾸어 독이 제대로 붙을 수 없도록 만든 것입니다.

우리도 마찬가지입니다. 삶의 독을 피할 수 없다면, 그 독이 우리에게 영향을 주지 못하도록 해야 합니다. 나를 괴롭히는 말이 있다면, 그 말이 박힐 공간을 없애야 합니다. 나를 불안하게 하는 비교가 있다면, 그 비교가 작용할 수 없는 기준을 세워야 합니다. 외부의 평가와 시선이 나를 흔들지 않도록, 내 가치의 중심을 다른 곳에 두어야 합니다.

벌꿀오소리는 뱀의 독을 맞고도 다시 일어나 씩씩하게 먹이를 찾아 나섭니다. 그들에게 중요한 것은 '한 번 물렸는가'가 아니라 '그 독에 의해 쓰러지는가'입니다.

우리는 살아가면서 필연적으로 실패하고, 상처받고, 좌절합니다. 그럴 때마다 '나는 왜 이렇게 나약할까?'라고 자책하는 사람들이 많습니다. 그러나 벌꿀오소리는 자신이 물렸다고 슬퍼하지 않습니다. 그들은 물릴 수밖에 없는 존재임을 알고, 그에 맞는 방어법을 터득했을 뿐입니다.

실패를 겪었다고 해서 실패한 사람이 되는 것이 아닙니다. 좌절을 경험했다고 해서 삶 전체가 무너지는 것도 아닙니다. 그것을 어떻게 받아들이고, 어떻게 대처하느냐가 우리의 진짜 강함을 결정합니다.

벌꿀오소리처럼 우리도 삶의 독을 맞을 수밖에 없습니다. 그러나 우리는 그 독을 무력화할 수 있습니다. 상처를 피하는 것이 아니라, 상처에 맞서 나를 변화시키는 것입니다.

벌꿀오소리가 우리에게 말합니다.

"물릴 수 있다. 하지만 쓰러질 필요는 없다."

삶의 독을 두려워하지 말고, 그 독에 맞서 변할 수 있는 사람이 되어야 합니다. 그때 우리는 깨닫게 될 것입니다. 우리에게 필요한 것은 독을 피하는 것이 아니라, 독에 무너지지 않는 방법을 배우는 것임을.

Don't forget

24

연날리기에서 한 수 배웁니다 :

바람은 피하는 것이 아니라
활용하는 것입니다.

연이 하늘을 나는 원리는 단순합니다. 바람을 맞으며 떠오르고, 실을 조종하며 방향을 잡습니다. 하지만, 이 단순한 원리 속에는 삶의 이치가 숨어 있습니다. 우리의 인생도 연과 같습니다. 바람이 없으면 뜰 수 없고, 바람이 너무 거세면 흔들립니다. 결국, 가장 중요한 것은 '어떻게 바람을 활용하느냐'입니다.

연이 하늘로 떠오르려면 맞바람이 필요합니다. 부드러운 바람이든 거센 바람이든, 바람이 없다면 연은 날 수 없습니다. 우리의 삶도 마찬가지입니다. 시련과 어려움은 때때로 우리를 힘들게 하지만, 그것이 곧 날아오를 기회가 되기도 합니다. 바람을 거부하면 주저앉지만, 바람을 활용하면 높이 날 수 있습니다. 맞바람이 클수록 연이 더 높이 뜨듯이, 역경이 클수록 우리는 더 큰 도약을 할 수 있습니다.

한국 전통 연 중에는 '방패연'이라는 것이 있습니다. 이 연의 중심에는 '방구멍'이 있습니다. 단순한 구멍 같지만, 이 작은 구멍 덕분에 연은 안정적으로 비행할 수 있습니다. 바람이 너무 강하게 불 때, 이 구멍이 공기의 흐름을 조절하여 연이 갑작스럽게 추락하는 것을 막아줍니다.

우리의 삶에도 '방구멍'이 필요합니다. 우리는 너무 바쁩니다. 일에 치이고, 인간관계에 치이며 자신을 돌아볼 틈이 없습니다. 모든 걸 꽉 채우려 하면 오히려 불안정해집니다. 하루에 단 10분이라도 나를 위한 시간을 가지는 것은 어떨까요? 숨 쉴 공간이 있어야 우리가 제대로 날 수 있습니다.

방패연이 바람을 온전히 받아들이면서도 균형을 유지하는 것처럼, 우리도 우리의 삶에서 작은 틈을 마련해야 합니다. 이 작은 틈이 삶의 균형을 잡아주고, 결국 더 오래, 더 높이 날 수 있도록 해줍니다.

연이 하늘을 자유롭게 나는 것처럼 보이지만, 실제로는 연줄을 잡고 있는 사람이 방향을 조종합니다. 연줄을 너무 세게 잡으면 연이 제자리에 머무르고, 너무 느슨하게 풀면 바람에 휩쓸려 날아가 버립니다. 적절한 타이밍에 연줄을 당기고 풀어야 연이 아름답게 비행할 수 있습니다.

우리의 삶도 같습니다. 선택의 순간마다 우리는 연줄을 쥐고 있습니다. 때로는 결단을 내려야 하고, 때로는 흐름을 따라가야 합니다. 모든 걸 통제하려 하면 오히려 경직되고, 너무 손을 놓아버리면 방향을 잃습니다. 중요한 것은 균형입니다. 우리가 언제 연줄을 당기고, 언제 풀어야 할지를 아는 것, 그것이 인생을 잘 살아가는 지혜입니다.

  우리는 삶의 바람을 두려워합니다. 예상치 못한 변화가 두렵고, 실패가 두렵습니다. 하지만 연이 바람을 이용해 하늘을 나는 것처럼, 우리도 변화와 실패를 성장의 기회로 삼을 수 있습니다. 바람은 피하는 것이 아니라 활용하는 것입니다. 바람을 잘 타는 연처럼, 우리는 인생의 흐름을 잘 타야 합니다.

Don´t forget

★
★
★
★

25

거미한테서 한 수 배웁니다 :

거미는 줄에 걸려들지 않는 것에는
신경 쓰지 않습니다.

 거미는 자신의 중심에서 벗어나지 않으며, 온전한 균형을 유지합니다. 정교하게 짜인 거미줄은 삶의 방식이며 철학입니다. 거미는 집을 짓고, 기다리며, 걸려든 먹이를 취합니다. 그러나 줄에 걸려들지 않는 것에는 신경 쓰지 않습니다.

우리는 끊임없이 더 많이 가지려 하고, 더 넓은 세계를 정복하려 하며, 스스로 쉬지 않고 채찍질합니다. 이웃과 비교하며 경쟁하고, 무언가를 놓치지 않기 위해 발버둥 칩니다. 이러한 삶이 우리를 더 나은 곳으로 데려다주었습니까? 아니면 더욱 불안하고 초조한 상태로 몰아넣었습니까?

거미는 줄을 짜고 나면 억지로 넓히려 들지 않습니다. 하지만 우리는 자신이 쌓아 올린 것에 절대 만족하지 않습니다. 거미는 이웃과 전쟁하지 않고, 끝없는 욕망에 이끌려 어디론가 떠나지도 않으며, 무리하게 자신의 삶을 확장하려 하지도 않습니다.

거미는 주어진 환경에서 최선을 다하지만, 억지로 애쓰지는 않습니다. 그저 자신이 할 수 있는 최선을 다할 뿐입니다. 우리에게 필요한 것도 이런 태도입니다. 모든 것을 움켜쥐려 하기보다는, 자신이 할 수 있는 것에 집중하는 것. 나만의 거미줄을 짜되, 그 안에서 균형을 찾는 것.

지금 이 순간에도 수많은 사람이 불안 속에서 살아갑니다. 더 많은 것을 이루어야 한다는 압박, 남보다 뒤처지지 않으려는 두려움, 완벽하지 않으면 안 된다는 강박. 그러나 거미를 생각해 보십시오. 거미는 자신이 할 수 있는 만큼의 줄을 짜고, 자신이 짠 그 세계 안에서 살아갑니다. 그것이면 충분합니다.

우리도 그렇게 살 수 있습니다. 무리하게 자신을 몰아붙이지 않아도 됩니다. 남과 비교하지 않아도 됩니다. 내가 짠 거미줄 안에서, 내 삶의 방식대로 살아갈 수 있다면, 그것이야말로 완전한 삶입니다.

Don't forget

★
★
★
★

26

다이아몬드한테 한 수 배웁니다 :

시련과 압력

 숯, 흑연, 다이아몬드는 모두 탄소로 이루어져 있습니다. 같은 원소로 구성되어 있지만, 그 배열과 구조에 따라 완전히 다른 특성을 가집니다. 숯은 바삭하고 쉽게 부서지며, 흑연은 부드러우면서도 전기를 잘 통합니다. 반면, 다이아몬드는 투명하고 단단하여 그 어떤 것보다 강한 광채를 발합니다.

이들은 하나의 본질에서 출발하여 각기 다른 모습으로 존재합니다. 이는 마치 우리 인간의 삶과도 닮아 있습니다. 모든 사람은 각자의 가능성을 품고 태어나지만, 환경과 경험에 따라 서로 다른 모습으로 빚어집니다.

다이아몬드는 어떻게 만들어질까요? 지구 깊숙한 곳, 엄청난 압력과 고온을 견디며 탄소 원자가 서서히 변형되는 과정을 거쳐야 합니다. 오랜 시간 동안 눌리고 뜨거운 환경 속에서 비로소 단단한 결합을 이루고, 마침내 찬란한 빛을 발하게 됩니다. 사주에서도 대운(大運)이 변화하면서 점차 자신의 진가를 드러내는 경우가 많습니다. 초년운이 거칠더라도, 인생 후반부에 다이아몬드처럼 빛을 발하는 사람이 많습니다.

우리는 흔히 "사주가 좋다, 나쁘다."라고 말하지만, 명리학은 그렇게 단순하지 않습니다. 같은 탄소라도 다이아몬드가 될 수도 있고, 숯이 될 수도 있으며, 흑연이 될 수도 있는 것처럼, 사주 또한 타고난 기운과 환경, 노력의 조화 속에서 무궁무진한 가능성을 가집니다.

누군가는 "나는 숯 같은 사주라서 힘들다."고 할 수도 있습니다. 하지만 숯은 불을 붙이면 따뜻한 열을 낼 수 있는 존재입니다. 흑연이 "나는 부드러워서 단단하지 않다."고 할 수도 있습니다. 하지만 흑연은 흐름을 연결하며, 없어서는 안 될 중요한 역할을 합니다. 다이아몬드는 쉽게 만들어지지 않습니다. 극한의 시련과 압력을 견딘 후에야 빛을 발할 수 있습니다.

당신의 사주는 정해진 숙명이 아니라, 가능성입니다. 숯이든, 흑연이든, 다이아몬드든, 결국 중요한 것은 그것이 어떻게 쓰이느냐입니다. 불을 피우는 숯, 글을 남기는 흑연, 빛나는 다이아몬드… 모두 나름의 가치가 있습니다. 당신이 어떤 모습이든, 그 자체로 의미 있고 중요한 존재입니다.

운명은 정해진 것이 아니라, 다듬어가는 것입니다. 당신이 지금 어떤 단계에 있든, 그것은 변할 수 있습니다. 숯은 불을 만나 따뜻함을 주고, 흑연은 세상을 기록하며, 다이아몬드는 찬란한 빛을 발합니다. 삶도 마찬가지입니다. 어떤 환경이든, 어떤 사주이든, 결국 자신만의 방식으로 빛날 수 있습니다.

  지금 당신이 힘들다면, 그것은 다이아몬드가 되어가는 과정일지도 모릅니다. 그러니 조금 더 견디고, 조금 더 단단해지십시오. 언젠가 당신만의 빛을 발할 날이 반드시 올 것입니다.

Don´t forget

★ _____
★ _____
★ _____
★ _____

27

머피의 법칙에서 한 수 배웁니다 :

실패의 예언이 아니라,
실패에 대한 '예방의 경고'

 '되는 일이 없다'는 말을 하루에도 몇 번씩 되뇌는 사람들이 있습니다. 문을 나서는 순간 쏟아지는 비, 약속에 늦어 버린 지하철, 잘못 전송된 메시지, 멍하니 지나친 회의 시간. 마치 무언가 의도적으로 나를 시험하는 듯한 하루. 그런 날이면 머피의 법칙이 머리를 스칩니다.

"잘못될 수 있는 일은 결국 잘못되기 마련이다."

우리가 겪는 불운의 연속은 정말 우연일까요, 혹은 세상이 정한 운명의 패턴일까요?

머피의 법칙은 본래 실패의 예언이 아니라, 실패에 대한 '예방의 경고'였습니다. 기술자의 실수로 실험이 실패했을 때, 머피는 말했습니다.

"여러 방법 중, 가장 나쁜 방법이 선택될 가능성은 항상 존재한다."

이 말은 비관적 사고가 아니라, 가능성을 직시하고 대비하라는 철저한 현실주의의 표현이었습니다.
동양고전은 이와 비슷한 깨달음을 다른 방식으로 말합니다. 『도덕경』은 이렇게 말합니다.

"화(禍)는 복(福)을 잉태하고, 복은 화를 머금는다."

복과 화, 성공과 실패는 서로 맞닿아 있는 한 쌍의 기운이며, 이는 음양처럼 순환하고 교차합니다. 머피의 법칙이 실패의 연속을 경고했다면, 노자는 그 속에서도 가능성의 씨앗을 발견하라 했습니다. 결국 중요한 것은 실패가 왔다는 사실보다, 그 이후의 자세입니다.
우리는 불운을 자신의 결핍으로 해석합니다. '나는 왜 이리 안 풀릴까', '왜 나만 이런 일들이 생기는가'. 그러나 『주역』은 '궁즉통(窮卽通)'이라 말합니다. 막힘이 있으면 곧 통함도 있다는 뜻입니다. 정체된 시간 속에서도 기운은 멈추지 않습니다. 오히려 흐름이 보이지 않을 때야말로, 깊은 밑돌음이 일어나는 시간입니다. 대지는 씨앗이 싹트기 전, 가장 어두운 침묵 속에 있습니다.
불운의 하루를 대하는 태도는 곧 삶을 대하는 자세입니다. 일이

어긋났을 때 '또 머피야'라고 체념하기보다, '지금은 음의 시기다'라고 받아들이는 지혜가 필요합니다. 태극은 음과 양이 하나의 원 안에서 끊임없이 순환하는 형상입니다. 머피의 법칙 또한 그 한 부분일 뿐, 삶의 전부는 아닙니다. 되는 일이 없던 하루는, 어쩌면 될 일을 위한 밑그림일 수 있습니다.

오늘, 혹시 되는 일이 없었습니까. 그렇다면 그것은 머피의 법칙이 아니라, 도의 길이 당신에게 잠시 숨을 고르라고 내민 시간일지도 모릅니다. 고전은 말합니다. "지나간 뒤에야 그 뜻을 안다[事後而知其然, 사후이지기연]." 머지않아 오늘의 어긋남도 반드시 하나의 의미로 돌아올 것입니다. 운명은 멈추지 않고, 지금 이 순간에도 조용히 당신을 향해 움직이고 있습니다.

Don´t forget

★
★
★
★

28

물통 법칙에서 한 수 배웁니다 :

저는 그만둔 사람입니다.

   저는 이제 더는 썩은 동아줄을 붙잡지 않기로 한 사람입니다. 예전에는 '혹시나' 하는 마음에 놓지 못했던 것들이 참 많았습니다. 이 관계가 다시 좋아지지 않을까, 이 일이 언젠가는 풀리지 않을까, 이 상황이 조금만 더 기다리면 달라지지 않을까. 하지만 결국 깨달았습니다. 썩은 동아줄은 잡고 있을수록 손만 다치고, 마음만 다칩니다. 그만두는 건 포기가 아니라 선택입니다. 더 나은 것을 위한 능동적인 결정입니다.

무언가를 손에 쥐고 있으면, 다른 무언가는 쥘 수 없습니다. 손을 펴야 다른 걸 잡을 수 있습니다. 마음도 그렇고, 시간도 그렇고, 에너지도 그렇습니다. 인생은 마치 일정한 총량을 지닌 통과 같습니다. 감정도, 관심도, 에너지도 무한한 것이 아닙니다. 제한된 그릇 안에 무엇을 담느냐에 따라 인생의 향기가 달라집니다.

물통에 이미 구정물이 가득 차 있다면, 아무리 맑은 물을 부어도 맑아지지 않습니다. 그 물은 금세 탁해지고, 물통은 여전히 더럽습니다. 새로운 걸 담기 위해선, 먼저 비워야 합니다. 버려야 합니다. 미련을, 후회를, 억울함을, 분노를. 그렇게 해야만 비로소 새로운 것을 담을 수 있는 공간이 생깁니다.

우리는 종종 중요한 것을 놓치고 살아갑니다. 감정의 에너지는 생각보다 큰 힘을 지니고 있습니다. 어떤 일에 오래 화를 내고, 어떤 사람에게 오래 실망하고, 어떤 상황에 오래 갇혀 있으면, 그 감정이 에너지를 다 빨아갑니다. 나중에 정말 에너지가 필요한 순간이 왔을 때는 남아 있는 게 없습니다. 분노, 후회, 원망 같은 감정들은 생각보다 비용이 많이 드는 감정입니다. 정신적 에너지를 소모하고, 마음의 여백을 앗아갑니다. 그래서 그런 것들은 최대한 물통에 담지 않는 게 좋습니다.

삶은 언제나 선택의 연속입니다. 무언가를 끊어야 새로운 것을 연결할 수 있습니다. 전기 코드를 빼지 않으면 새로운 기기를 연결할 수 없는 것처럼, 예전 방식으로는 새로운 삶을 살 수 없습니다. 새로운 방송을 보기 위해서는 기존 방송과의 연결을 끊어야 합니다. 익숙한 것을 포기해야 새로운 것을 만날 수 있습니다. 그건 불편함을 감수하는 일이기도 하지만, 동시에 성장과 변화의 시작이기도 합니다.

저는 이제 알고 있습니다. 무언가를 멈추는 건 끝이 아니라 시작입니다. 그만두는 건 도망이 아니라 도약입니다. 물통을 비우는 일, 그것이야말로 새로운 가능성의 문을 여는 첫걸음입니다. 그래서 저는 그만둔 사람입니다. 그리고 지금은, 더 좋은 것을 담기 위해 오늘도 제 물통을 정리하고 있습니다.

Don´t forget

★
★
★
★

29

온도계에서 한 수 배웁니다 :

온도계 법칙

 저는 나름의 법칙 만드는 걸 참 좋아합니다. 사랑스러운 말, 필요한 말, 따뜻한 말만 하자는 사필따 법칙에 이어서 최근 상담에서 자주 쓰는 '온도계 법칙'이란 걸 만들었습니다.

자, 여기 어떤 사람 A가 있습니다. A를 떠올릴 때 내 기분이 좋아지거나 긍정적인 느낌이 확 일어난다면 온도계가 올라간 겁니다. 예컨대, 저는 드라이브 뮤직 애청자 여러분을 떠올려 보면 온도계가 급격하게 올라갑니다. 떠올렸을 때 온도계가 올라가는 이런 사람들을 편의상 '우상향 존재'라고 정의하겠습니다. 이런 우상향 존재들이 주변에 많을수록 내 삶은 행복해질 확률이 높습니다. 네, 그런 의미에서 저는 행복한 사람입니다.

반대로 어떤 사람 B는 그냥 떠올리기만 해도 기분이 확 나빠지면서 에너지가 다운되고 더 이상 만나고 싶지 않은 기분이 듭니다. 온도계가 내려간 겁니다. 예컨대… 아, 이번 예시는 사필따 법칙에 의

거하여 생략하도록 하겠습니다.

떠올렸을 때 온도계가 내려가는 이런 사람들을 편의상 '우하향 존재'라고 정의하겠습니다. 이런 우하향 존재들이 주변에 많을수록 내 삶은 불행해질 확률이 높습니다. 이런 관계는 최대한 빨리 정리하는 게 좋습니다. 온도계 법칙, 지금 당장 아무나 한 명씩 떠올려보세요. 신기할 겁니다. 떠올리는 즉시 온도계가 올라가고 내려가는 게 느껴질 거예요. 각자의 온도계를 믿으십시오.

에너지를 덜 쓰는 것이 생존의 유전학적 기본 법칙입니다. 내 온도계를 낮추는 사람과 함께 하면 어쩔 수 없이 에너지를 많이 사용하게 됩니다. 게다가 이런 사람을 매일 만나면 매일 에너지를 많이 써야 하니 결국 생존에 불리하죠. 마치 밀림에서 공격을 대비해야 하는 초식동물과 같은 상태가 되는 겁니다. 그러니 내 온도계를 낮추는 사람을 만나거든, 굳이 싸워서 생각을 바꾸려 하거나, 상대를 설득하려 하지 마시고 그냥 그 자리를 얼른 벗어나는 게 가장 현명한 방법입니다. 온도계를 기준점으로 딱 두고, 온도를 올리는 건 가까이하시고, 온도를 낮추는 건 과감하게 버려야 합니다. 하나를 더 하려고 하지 마시고 하나를 빼려고 노력하시기를 바랍니다.

Don't forget

★
★
★
★

낚시에서 한 수 배웁니다 :

낚싯대 법칙

"뉴턴은 미래를 완벽하게 예측하는 우주의 법칙을 알아냈지만, 아침에 우산을 가져가야 할지 결정하기는 쉽지 않았을 겁니다."

—일리야 프리고진 (1977년 노벨화학상 수상)

결정론에서는 미래가 결정되어 있다고 이야기합니다. 모든 것들의 초기 조건을 알고 있다면 미래를 완벽하게 내다보는 것이 가능해야 한다는 것이죠. 이처럼 과거와 미래를 꿰뚫어 볼 수 있는 가상의 존재를 '라플라스의 악마'라고 부릅니다. 하지만 아무리 뛰어난 슈퍼컴퓨터를 사용하더라도 올 크리스마스에 눈이 내릴지는 고사하고, 며칠 뒤 태풍이 어디를 지날지조차 알 수 없습니다. 카오스 때문이죠. 천하의 뉴턴도 변덕스러운 영국의 날씨를 예측하는 것은 불가능했습니다.

사람의 미래는 비선형입니다. 비선형이란 문자 그대로 선형이 아니라는 말입니다. 선형이란 출력이 입력에 비례하는 것을 말합니다. 수학으로 표현하면 y=ax와 같은 건데, x는 입력이고 y는 출력입니다. 이것을 그래프로 그리면 직선이 됩니다. 사람의 미래가 이처럼 딱딱 공식에 맞게 나오면 얼마나 편하겠습니까만, 그것은 꿈에서나 가능한 일입니다.

소용돌이에 휘말려 날아다니는 건물 잔해를 보면 어디로 갈지 전혀 예측할 수 없지요. 실제 우리의 삶은 이렇듯 예상치 못한 작은 실수나 오차가 있을 때 결과에 엄청난 차이를 초래합니다. 사람의 미래를 예측할 수 없는 이유는 바로 이런 카오스 때문입니다. 예컨대, 올여름 태풍이 언제 올지 알려면 나비 한 마리의 움직임까지 조사해야 합니다. 만약 당신이 나비는 물론 파리, 모기, 아니 세상에 존재하는 모든 곤충, 더 나아가 세상의 모든 입자의 운동을 다 조사할 수 있다면 예측이 가능할지도 모릅니다.

하여 우리는 오직 확률밖에 알 수 없습니다. 나에게 유리한 운의 흐름으로 흐를 때 뭔가를 시도한다면 확률은 높아지겠지요. 바다낚시를 갔는데 좋은 물때와 기가 막힌 포인트가 만났을 때 아무래도 고기를 낚을 확률이 높지 않겠습니까? 실제로 저는 과거에 주꾸미 낚시를 갔다가 딱 1마리밖에 못 잡은 적도 있습니다. 그때 선장님이 그러더군요. 오늘은 물때를 잘못 만났고 포인트가 영 아닌 거 같다고 말이죠.

결론은 이렇습니다. 내 사주의 용신과 십신 등의 분석은 비유하자면 내 낚싯대가 어떻게 생긴 낚싯대인지, 낚싯줄은 어떤 걸 사용해야 하며, 미끼와 채비는 어떻게 해야 하는지를 아는 것입니다. 또한 대운과 세운 등의 시절운에서 어떤 글자와 오행, 십신 등이 들어오는지를 보는 것은 비유하자면 언제 물때와 포인트에 근접하는지를 살펴보는 것입니다.

이제 남은 건 하나밖에 없습니다. 평소에 낚시 장비를 잘 정비해 두고 있다가 때가 오면 열심히, 결과에 연연하지 말고 묵묵히 계속 낚싯대를 바다에 드리우는 거지요.

Don´t forget

★
★
★
★

31

코끼리한테 한 수 배웁니다 :

'유예'할 줄 아는 삶

우리는 살아가며 수없이 많은 순간에 '결정'을 요구받습니다. 빠르게 판단하고, 즉각적으로 반응하며, 주저함 없이 말하고 행동하는 것이 능력으로 여겨지는 시대입니다. 하지만 이런 흐름 속에서도 여전히 중요한 가치가 있습니다. 그것은 바로 '유예(猶豫)'입니다.

입에서 나오는 대로 말하고, 머리에 떠오르는 대로 행동하는 삶은 언뜻 솔직하고 즉각적인 삶처럼 보이지만, 대부분 그 끝은 후회나 오해, 실수로 이어지는 경우가 많습니다. 그래서 삶에는 반드시 '멈춤'이 필요합니다. 잠시의 멈춤, 즉 '유예'가 가져다주는 지혜가 있는 법입니다.

'유예'라는 단어는 단순히 일을 미루는 것을 의미하지 않습니다. 본래는 훨씬 깊은 철학과 생명 감각이 담긴 말입니다. '유예'는 노자의 『도덕경』에서 유래합니다. 그 뜻을 제대로 이해하려면, 한자의 구성과 그 상징을 들여다볼 필요가 있습니다.

유예(猶豫)의 '유(猶)'는 원숭이를 뜻합니다. 원숭이는 매우 민감하고 신중한 동물입니다. 작은 소리에도 귀를 기울이며, 이상 기운이 감지되면 쉽게 나무에서 내려오지 않습니다. 민첩하지만 절대 경솔하지 않은 존재입니다. 이 유(猶)는 상황을 관망하고, 신중하게 결정하는 태도를 상징합니다.

예(豫)는 코끼리를 의미합니다. 코끼리는 몸집이 크고 행동이 느려 보이지만, 매우 지혜롭고 감각적인 동물입니다. 특히 코끼리는 물을 건널 때 항상 물살과 지형을 파악한 후 조심스럽게 이동합니다. 성급함이 아니라 여유, 느림 속의 신중함이 돋보이는 모습입니다. 예(豫)는 바로 그런 여유와 예측, 그리고 준비된 행동을 상징합니다.

그래서 '유예'는 곧 '원숭이처럼 민감하고, 코끼리처럼 신중한' 태도입니다. 판단의 순간에 즉각적으로 움직이기보다, 주변을 충분히 살피고 상황을 다시금 곱씹으며, 자신과 타인의 입장을 모두 고려한 다음 결정을 내리는 태도입니다. 여기에는 단순한 미룸이 아니라, 성찰과 숙고, 그리고 절제된 자기 감정의 관리가 필요합니다.

이와 관련하여 조선 후기의 실학자 정약용 선생은 노자의 원문을 조금 다르게 해석한 것으로 유명합니다. 『도덕경』의 "예혜약동섭천, 유혜약외사린(豫兮若冬涉川, 猶兮若畏四隣)"이라는 문장을 정약용은 "여혜약동섭천, 유혜약외사린(與兮若冬涉川, 猶兮若畏四鄰)"으로 바꾸어 읽습니다.

정약용은 "겨울에 시냇물을 건너는 듯 신중하게 행동하라."는 의미를 '여(與)'라는 한자로 풀어냈습니다. 여(與)는 더불어 함께한다는 뜻도 지니기에, 공동체적 사고를 강조한 정약용의 철학이 엿보입니다. 즉, 신중함이라는 것은 단지 나 하나만을 위한 전략이 아니라, 이웃과의 관계, 사회와의 조화를 염두에 둔 태도라는 것입니다.

정약용 선생은 『도덕경』에 나오는 이 문장을 통해, 모든 판단과 행동에는 항상 경계와 자성이 동반되어야 한다고 강조합니다. 세상은 언제나 나를 지켜보고 있고, 나 또한 나 자신을 지켜보아야 한다는 긴장 속의 여유. 그것이 진정한 '유예'의 정신입니다.

또한 '예(豫)'라는 글자는 『주역』 64괘 중 '뇌지예(雷地豫)' 괘에도 등장합니다. 여기서 예는 '기쁨'이기도 하며, 동시에 '예측'과 '준비'의 의미를 함께 담고 있습니다. 그러므로 유예란 마냥 늦추는 것도 아니고, 회피하는 것도 아닙니다. 그것은 더 큰 기쁨과 바른 결정을 위한 '지연된 용기'입니다.

우리가 유예에서 배워야 할 가장 큰 교훈은 이것입니다. 바로 "생각하고, 더 생각한 후에 말하고 행동하라." 감정은 즉각적이지만, 지혜는 항상 유예를 거칩니다. 충동적인 반응은 쉽게 튀어나오지만, 그것이 반드시 바른 답은 아닙니다. 우리가 싸움이나 다툼, 오해를 줄일 수 있는 가장 좋은 방법 중 하나가 바로 유예입니다.

현대 사회는 속도와 즉각성을 미덕처럼 여깁니다. 하지만 모든 일이 빠르다고 좋은 것은 아닙니다. 삶에는 '늦게 도착해야만 보이는 진실'이 있습니다. 코끼리처럼, 물살을 천천히 읽으며 건너는 삶의 자세는 그리하여 더 멀리 가는 지혜입니다.

성공적인 사람, 신뢰받는 사람, 조화롭게 살아가는 사람들의 공통점은 빠른 사람이 아니라, '신중한 사람'이라는 점에서 찾아볼 수 있습니다. 그런 사람들은 말을 아끼되 정확하고, 행동은 느리되 깊습니다. 유예의 미덕은 바로 여기에 있습니다.

　결국 '유예'는 타인을 위한 배려이면서 동시에 자신을 위한 보호 장치입니다. 말 한마디, 행동 하나가 가져올 파장과 결과를 숙고할 줄 아는 사람은 인생의 불필요한 상처를 줄이고, 타인의 존중을 얻으며, 스스로 더욱 단단히 다듬어갈 수 있습니다.

　코끼리에게 한 수 배웁니다. 그리고 유예할 줄 아는 사람이 됩니다. 서두르지 않고, 조급해하지 않고, 느리게 그러나 단단하게. 그렇게 삶을 건너가는 자세가 오늘날 우리에게 더욱 절실합니다. 유예는 멈춤이 아닙니다. 유예는 더 나은 방향을 위한 기다림입니다. 말과 행동, 그리고 판단의 순간마다 코끼리처럼, 한 걸음씩, 깊고 조용히 나아가야 할 때입니다.

Don't forget

★
★
★
★

32
에너지보존의 법칙에서
한 수 배웁니다 :

뜰 앞의 잣나무

 하루는 당나라의 유명한 스님 조주(趙州)선사에게 선을 수행하는 한 사람이 물었습니다.

"달마가 서쪽에서 온 뜻이 무엇입니까?"

달마는 선불교를 창시한 인물입니다. 그는 서쪽의 인도에서 붓다의 가르침을 전하러 중국에 왔지요. 따라서 달마가 중국에 온 뜻이 무엇이냐는 이 질문은 달마가 가르치고자 했던 최종적인 진리가 무엇인지를 묻는 것이라고 볼 수 있습니다.

그런데 이 질문에 조주선사는 황당한 대답을 합니다.

"뜰 앞의 잣나무."

조주는 앞마당에 우뚝 서 있는 잣나무를 가리키며, '뜰 앞의 잣나무[庭前柏樹子, 정전백수자]'라고 대답한 겁니다. 승려는 다시 조주에게 조사가 서쪽에서 온 까닭을 물었고, 조주는 똑같이 뜰 앞의 잣나무라고 대답합니다.

조주가 뜰 앞의 잣나무라고 대답한 이유는 '있는 그대로' 보라고 가르친 것입니다. 진리에 도달하려면 논리로 따지는 지혜나 일체 집착과 분별심을 버리고 일상생활을 이끄는 근원적인 마음, 곧 평상심을 가져야 한다는 뜻입니다. 봄에 새잎이 나고 가을에 낙엽이 지는 우주의 섭리는 언제나 변함이 없으며, 이것이 곧 진정한 불법입니다. 그럼에도 승려는 알아듣지 못하고 같은 질문을 반복한 것입니다. 이는《벽암록》과《무문관》등 대부분의 화두집에 나오는 일화입니다.

달마가 서쪽에서 온 뜻은 진리, 즉 우주의 섭리를 전파하기 위해서고, 진리는 먼 곳에 있는 것이 아니라 우리 삶 속에 있는 것이니 내 바로 앞, 뜰 앞의 잣나무야말로 우리가 즉시 실시간으로 체험하는 진리의 현장이라는 겁니다. 선사는 이 말을 하고 싶은 것입니다.

"잘 알지 못하는 불경이나 불상, 미륵이나 석가모니, 지장보살, 문수보살, 삼존불이 진리의 실체가 아니라 바로 지금 이 순간 보고 듣고 맛보고 느끼고 생각하는 것이 바로 진리이다."

불교에서 공(空)이란 실체 없이 조건에 따라 나타났다가 조건이 변화면 사라지는 연기 작용을 이야기합니다. 불교에서는 이름이 있는 모든 것들은 존재(실체) 하지 않는다고 인식합니다. 즉 이름뿐일 뿐 실체가 없다는 것입니다. 비, 구름, 강물, 바다가 있나요? 잘 생각해 보세요. 하늘에 물방울들이 떠다니는 모습을 구름이라 하고, 물방울이 떨어지는 것을 비라 하고, 물방울이 땅에 흘러가는 것을 강물이라 하고, 물방울들이 흘러 모이는 것을 바다라고 하지요.

비구름 강물 바다는 이름이고 즉 명사 또는 고유명사입니다. 비라는 것이 있다면 어디에 있을까요? 구름 속에 있나요? 어디에도 없습니다. 강물이 어디 있다가 흘러가지요? 이름뿐이지 실체가 없습니다. 비는 하늘에 물방울들이 모여 무거워지면(조건) 떨어지지요. 물방울이 계속 떨어지다(조건이 지속)가 물방울이 떨어지지 않으면(조건이 변화면) 그치죠. 물방울들이 떠다니면 구름이고 떨어지면 비고 흘러가면 강물이고 모이면 바닷물이고 증발하면 수증기로 그리고 다시 구름으로 끊임없는 변화일 뿐이죠. 결론은 구름 강물 바닷물 잣나무는 이름뿐인 공(空)이고 모이고 내리고 흘러가는 모습을 색(色)이라 합니다. 이를 열역학 제1 법칙으로 이해하면 더 쉽습니다.

물을 데우면(열을 가하면) 증기기관과 터빈을 움직이는 힘이 나옵니다. 자동차는 연료가 탈 때 발생하는 열의 힘으로 움직이지요. 그러므로 열은 에너지입니다. 열역학 제1 법칙, 즉 "에너지는 창조되지도 않고 파괴되지도 않으며, 한 형태에서 다른 형태로 바뀔 뿐이다." 이것이 바로 '공즉시색 색즉시공'입니다.

발생하지도 않고 소멸하지도 않으며
상주하지도 않고 단멸하지도 않으며
같지도 않고 다르지도 않으며,
오지도 않고 가지도 않네.

不生亦不滅 不常亦不斷 不一亦不異 不來亦不出
불생역불멸 불상역부단 불일역불이 불래역불출

공즉시색 색즉시공(空即是色 色即是空)이란 비(공, 空)는 실체가 없는 이름뿐이지만 조건이 되어 물방울들이 땅에 떨어지는 모습(색, 色)으로 우리 눈에 보이는 것이고 땅에 떨어지는 물방울들이(색, 色) 그치면 공(空)이 됩니다. 그래서 공은 색이고 색이 공입니다.

Don't forget

★
★
★
★

33

동전 법칙에서 한 수 배웁니다 :

동의하지 않지만 전적으로 존중하기

 **싸우지 않는 마법, 공개합니다. 동전 법칙!**
　동전에는 양면이 있습니다. 그리고 그 양면은 서로 반대이지만, 모두가 있어야 '동전'이 완성됩니다. 어느 한 면만 있으면 그것은 더 이상 '동전'이 아닙니다. 우리의 생각도, 우리의 관계도 마찬가지입니다.

　동의하지 않더라도,
　전적으로 존중합니다.
　동의하지는 않지만,
　전부 다 존중합니다.
　동의하지 않더라도,
　전략적으로 상대를 존중해주세요.

이것이 바로 '동전 법칙'입니다.

　동의와 존중은 별개라는 사실을 인정할 때, 우리는 싸우지 않고도 갈등을 풀 수 있는 지혜를 얻게 됩니다.

　살아가면서 우리는 수많은 다름과 마주합니다. 정치적 입장, 종교, 취향, 생활 방식, 감정 표현 등… 셀 수 없이 많은 차이가 존재하고, 그 차이가 불편함과 갈등의 씨앗이 되기도 합니다. 그런데 그때마다 싸우고 부딪치고, 내 생각만을 고집한다면, 세상은 너무도 피곤한 전쟁터가 될 것입니다. 결국 우리는 이 질문 앞에 서게 됩니다. "나는 나와 다른 사람을 어떻게 대할 것인가?"

동전의 양면처럼, 다름은 공존해야 합니다.

　우리가 가진 의견, 관점, 감정들은 서로 다를 수밖에 없습니다. 마치 동전의 앞면과 뒷면처럼 말입니다. 앞면이 옳고 뒷면이 그른 것이 아닙니다. 그저 다를 뿐입니다. 앞면만 보고 동전을 정의할 수 없듯, 한쪽 관점만 보고 세상을 판단할 수 없습니다. 양면이 함께 있어야 비로소 전체가 완성됩니다.

　따라서 누군가와 의견이 다르다고 해서, 상대를 무조건 틀렸다고 여기는 태도는 지혜롭지 못합니다. 오히려 그런 다름 속에서 배우려는 자세, 나와 다른 시선을 이해하려는 태도가 우리를 성장시킵니다. 세상을 조금 더 넓게 보게 하고, 더 깊은 관계를 가능하게 합니다.

동의는 선택, 존중은 태도입니다.

　우리는 모든 사람과 의견이 같을 수 없습니다. 동의는 감정이자 선택입니다. 반면, 존중은 우리의 태도이자 자세입니다. 내가 상대의 생각에 전적으로 동의하지는 않지만, 그 사람이 그 생각을 하게 된 배경, 맥락, 경험을 이해하려는 노력은 존중에서 비롯됩니다.

　예를 들어 누군가가 나와 정반대의 정치적 성향을 가진다 해도, 그가 살아온 환경과 경험이 전혀 다르다는 것을 생각하면, 그 입장이 완전히 무의미하거나 틀렸다고 단정할 수 없습니다. 그 사람의 생각이 틀린 것이 아니라, 나와 다른 조건 위에서 자란 생각일 뿐입니다. 그렇게 바라보는 순간, 나와 다른 의견도 하나의 삶의 표현으로 받아들일 수 있게 됩니다.

존중은 전략이기도 합니다.

　존중은 단지 예의의 표현이 아닙니다. 때로는 관계를 유지하고 갈등을 줄이는 전략이 됩니다. "싸우지 않고 상대를 굴복시키는 것이 최선이다[不戰而屈人之兵 善之善者也, 부전이굴인지병 선지선자야]."라는 말처럼, 직접적인 충돌 없이 상대의 마음을 얻고 관계를 지키는 방식은, 오히려 장기적으로 더 깊은 영향력을 발휘합니다.

　논쟁에서 이기고 관계에서 지는 사람이 있습니다. 반대로 논쟁에서는 지더라도, 관계에서는 승리하는 사람도 있습니다. 당신이 말 한마디로 누군가를 꺾었다 해도, 그 사람이 마음을 닫아버렸다면 그것은 진짜 이긴 것이 아닙니다. 존중은 상대방이 마음의 문을 닫지 않도록 하는 최소한의 예의이자, 최대한의 설득 전략입니다.

동전 법칙은 마음의 기술입니다.

우리는 누군가를 바꾸려 하기보다는, 나부터 태도를 바꾸는 데서 시작해야 합니다. '동의하지 않지만 존중한다'는 태도는 성숙한 사람만이 선택할 수 있는 태도입니다. 그것은 일종의 마음 훈련이며, 자신을 다스릴 줄 아는 사람의 내면에서 비롯됩니다. 그 훈련은 말투에서 시작할 수 있습니다.

"그건 틀렸어." 대신 "그렇게 생각할 수도 있겠네요."

"난 절대 동의 못 해." 대신 "저는 좀 다르게 생각해요."

이처럼 말의 표현 하나만 바꿔도 대화의 공기는 달라지고, 갈등의 방향도 완전히 달라질 수 있습니다.

동전 법칙은 관계를 지키는 윤리이자, 사회를 지탱하는 철학입니다.

모든 사람이 같은 생각을 해야 하는 사회는 위험한 사회입니다. 그 안에는 독재와 강요가 숨어 있습니다. 민주주의는 다름을 인정하고, 그 다름을 조율해 나가는 과정입니다. 그것은 개인의 관계에서도 마찬가지입니다. 친구, 가족, 연인, 동료 사이에서도 서로가 '다를 권리'를 인정해야 건강한 관계가 지속됩니다. 그리고 그 인정의 핵심은 바로 '존중'입니다.

존중은 감정의 기초이며, 소통의 첫걸음입니다. 나와 다른 사람을 있는 그대로 인정하고 존중하는 순간, 우리는 더 넓은 세상과 마주할 수 있습니다. 서로를 닮게 만들기보다는, 서로 다름 속에서 함께 살아갈 방법을 고민하는 것이 진짜 어른의 모습입니다.

동전 법칙, 그것은 싸우지 않기 위한 기술이 아니라 함께 살아가기 위한 지혜입니다. 동의하지 않더라도 전적으로 존중하는 사람, 그 사람이 진정 강한 사람입니다. 그리고 그런 태도가 세상을 조금 더 평화롭게 만듭니다.

Don't forget

★
★
★
★

34

도미노 법칙에서 한 수 배웁니다 :

도전, 미소, 노력

 운도 실력입니다. 흔히 사람들은 운을 우연이라 말하고, 행운을 재수 좋은 일쯤으로 생각합니다. 그러나 운은 그렇게 가만히 앉아 기다린다고 오지 않습니다. 오히려 운은 준비된 사람 곁을 스쳐 지나갑니다. 그래서 운도 실력입니다. 운을 끌어당기려면, 운을 맞이할 자세가 되어 있어야 합니다. 운이 문을 두드릴 때, 그 문을 열 수 있는 사람이 되어야 합니다.

그렇다면 어떻게 해야 운을 끌어올 수 있을까요? 그 열쇠가 바로 '도미노 법칙'에 있습니다. 도전, 미소, 노력. 이 세 가지는 단순한 덕목이 아닙니다. 운을 스스로 끌어당기는 살아 있는 실천입니다. 이 법칙은 한 번에 삶을 바꾸지 않지만, 하나하나의 도미노처럼 연결되며 결국 큰 변화를 이끌어 냅니다.

도 : 도전, 끊임없는 도전이 필요합니다.

  도전은 늘 두려움과 함께 옵니다. 낯선 일, 처음 해보는 일, 확신 없는 선택 앞에서 우리는 망설입니다. 하지만 그 망설임을 뚫고 한 발 내딛는 순간, 삶은 이전과는 전혀 다른 국면으로 넘어갑니다. 도전은 실패를 감수하는 용기이자, 성공의 가능성을 여는 열쇠입니다. 세상에 실패 없는 도전은 없습니다. 그러나 도전 없는 성공도 없습니다. 우리가 작은 일에도 과감히 도전할 수 있을 때, 삶은 예측불허의 선물들을 하나씩 열어줍니다.

  도전은 꼭 거창할 필요도 없습니다. 매일 아침 일찍 일어나는 것도 도전이고, 새로운 책 한 권을 끝까지 읽어보겠다는 것도 도전입니다. 낯선 사람에게 먼저 말을 걸어보는 것, 해보지 않은 일에 손을 대보는 것, 익숙한 것에서 벗어나 보는 것. 그런 작은 도전들이 결국 커다란 삶의 흐름을 바꿉니다. 도전하는 사람에게는 우연도 기회가 됩니다. 운은 늘 움직이는 사람을 좋아합니다. 도전하는 사람에게는 운이 먼저 다가옵니다.

미 : 미소, 따뜻한 미소로 무장하세요.

  미소는 가장 단순하면서도 가장 강력한 힘을 가진 도구입니다. 사람의 마음을 여는 열쇠는 따뜻한 말보다 먼저, 따뜻한 표정입니다. 미소는 상대방뿐 아니라 자신에게도 긍정적인 영향을 줍니다. 실제로 심리학자들의 연구에 따르면 억지로 웃는 표정만으로도 뇌는 긍정적인 감정을 느끼고, 몸의 긴장 상태가 완화된다고 합니다. 그러니 때때로 억지로라도 웃어야 할 이유가 생깁니다.

운은 미소 짓는 사람에게 옵니다. 왜일까요? 미소 짓는 사람은 주변에 긍정의 에너지를 흩뿌립니다. 그 에너지는 사람을 끌어당기고, 사람이 모이면 정보가 오고 기회가 따라옵니다. 결국 웃는 얼굴이 운을 불러옵니다. 날이 풀리는 봄날처럼, 미소는 사람을 편안하게 합니다. 내가 먼저 미소 지을 때, 세상도 조금은 부드러워집니다. 그러니 힘들고 지칠 때일수록 더 미소를 지어야 합니다. 그것이 나 자신을 살리고, 주변을 따뜻하게 만들며, 운이 다가올 자리를 마련해 줍니다.

노 : 노력, 평소에도 노를 저으세요.

"물 들어올 때 노 저어야 한다."는 말을 많이 합니다. 맞는 말입니다. 하지만 잘 생각해 보면, 물 들어올 때 노 젓는 건 누구나 합니다. 그건 본능처럼 작동하는 일이기 때문입니다. 진짜 중요한 건, 물이 들어오지 않을 때도 노를 젓고 있어야 한다는 사실입니다. 고요한 물 위에서 노를 젓는 사람만이, 물결이 밀려올 때 방향을 잡을 수 있습니다. 노를 젓지 않는 사람에게는 아무리 물이 들어와도, 배는 앞으로 나아가지 못합니다.

노력은 단기간에 결과를 주지 않습니다. 오히려 지지부진한 시간이 더 많습니다. 아무도 알아주지 않고, 스스로 지쳐가는 그런 시간들. 하지만 그 시간 속에서 단단한 근육이 자랍니다. 어떤 일에서든 꾸준함이 이기는 이유입니다. 매일 조금씩 나아가고, 하루 한 줄씩 써내고, 숨을 고르며 노를 젓는 사람. 그 사람이 물결을 맞이할 자격이 있습니다.

노력은 보여주는 것이 아니라 쌓는 것입니다. 그 축적이 곧 실력이고, 그 실력이 결국 운을 부릅니다. 누군가는 운이라고 부르는 그것이, 사실은 매일 묵묵히 젓고 있던 노의 방향일 수 있습니다. 운이 좋아 보여도, 그 배의 밑바닥에는 수많은 노력이 숨어 있습니다.

도전은 방향입니다. 미소는 태도입니다. 노력은 습관입니다. 이 세 가지가 연결되어야 비로소 삶이라는 도미노가 쓰러지기 시작합니다. 처음엔 작은 조각 하나로 보이지만, 그것이 차곡차곡 이어질 때, 결국 인생의 흐름을 바꾸는 커다란 파동이 됩니다. 도미노처럼 하나가 넘어질 때, 다음 것이 움직이고, 마침내 큰 변화가 시작됩니다.

운은 준비된 자에게 옵니다. 그리고 그 준비는 거창한 것이 아닙니다. 매일 도전하고, 웃고, 꾸준히 나아가는 평범한 일상 속에서 만들어집니다. 도미노 법칙은 그 평범한 일상을 특별하게 만드는 열쇠입니다.

오늘 당신은 무엇에 도전하셨습니까?
얼마나 웃으셨습니까?
얼마나 꾸준히 노를 젓고 계십니까?

도전, 미소, 노력…
이 세 단어를 마음에 품고 살아가는 사람은, 결국 운과 마주하게 됩니다. 우연처럼 보이지만, 실은 자신이 만들어낸 운입니다. 그렇게, 운도 실력이 됩니다. 오늘도 도미노처럼 하나씩, 도전하고, 미소 짓고, 노를 젓는 하루가 되시길 바랍니다.

Don´t forget

★
★
★
★

35

원을 그려보면서 한 수 배웁니다 :

여러분, 원을 그릴 수 있습니까?

 여러분, 원을 그릴 수 있습니까? 진짜로? 확실합니까? 대부분 "당연하지!"라고 대답할 것입니다. 하지만 한 번 더 생각해 보십시오. 우리가 그린 그 원은 과연 원의 정의에 합당합니까?

원이란 한 점을 중심으로 일정한 거리 내에 있는 모든 점의 집합입니다. 즉, 중심에서 어느 점을 찍든 거리가 같아야 합니다. 하지만 우리가 손으로 그린 원은 완벽한 원이 아닙니다. 미세한 흔들림이 있고, 선의 굵기가 일정하지 않으며, 중심에서의 거리도 제각각일 것입니다. 그러나 우리는 그것을 원이라고 부릅니다. 완벽하지 않더라도, 충분히 원에 가까운 형태이기 때문입니다. 왠지 삶의 본질과 닮아 있지 않습니까? 우리는 계획을 세우고 목표를 설정하지만, 예상치 못한 변수들이 등장합니다. 때로는 실패하고, 때로는 길을 잃기도 합니다. 그러나 그런 시행착오가 있다고 해서 우리의 삶이 무의미한 것은 아닙니다. 오히려 그 불완전함 속에서 우리는 성

장하고, 조화를 이루며 살아갑니다.

　동양철학에서는 '중용(中庸)'의 가치를 강조합니다. 지나치게 완벽을 추구하는 것도, 너무 무책임하게 흐트러지는 것도 좋지 않습니다. 삶의 중심을 잃지 않되, 변화와 흐름을 받아들이는 것이 중요합니다. 마치 물이 바위를 만나면 흐름을 바꾸면서도 결국 바다로 향하듯 말입니다.

　혹시 지금 여러분의 삶이 삐뚤어진 원처럼 느껴지십니까? 남들보다 부족해 보이고, 어딘가 결핍되어 있다고 느껴지십니까? 하지만 그 원은 여전히 원입니다. 불완전해 보일지라도, 그것이 바로 '나'라는 존재의 독창적인 형태입니다. 기울어진 달도 달입니다. 초승달이든, 반달이든, 그 자체로 아름다움을 가집니다. 지금 내가 온전한 형태가 아니라 해도, 그 자체로 충분히 의미가 있습니다.

　우리는 모두 저마다의 원을 그리고 있습니다. 누군가는 크게, 누군가는 작게, 누군가는 완벽한 원을 꿈꾸고, 누군가는 조금 찌그러진 원을 그립니다. 중요한 것은, 그 원이 나의 중심에서 시작되었느냐 하는 것입니다. 완벽한 원을 그리려고 애쓰지 않아도 됩니다. 중요한 것은 중심을 잃지 않는 것입니다. 중심이 확고하다면, 원의 모양이 조금 삐뚤어도, 크기가 달라도, 그 원은 여전히 '내 것'입니다.

Don´t forget

★ _____
★ _____
★ _____

36

마라톤으로 한 수 배웁니다 :

가장 힘든 구간은?

마라톤에서 가장 힘든 구간은 안방에서 현관문까지 가는 것입니다. 우리는 위대한 목표를 이야기할 때 흔히 결승선을 통과하는 순간을 떠올립니다. 그러나 정작 가장 어려운 것은 그 첫걸음을 떼는 순간입니다. 안락한 침대에서 몸을 일으켜 문을 나서는 일, 그것이야말로 인생이라는 마라톤에서 가장 가혹한 구간입니다.

아무리 높은 이상을 품고 있어도, 그것이 행동으로 옮겨지지 않으면 현실은 바뀌지 않습니다. 퇴근 후 소파에 몸을 맡기고 스마트폰을 들여다보는 시간이 길어지는 것도, 헬스장에 등록하고도 가지 않는 것도 모두 같은 이유입니다. 우리는 변화를 원하면서도 동시에 그것을 두려워합니다.

문제는 첫걸음을 떼는 것이 아니라, 아예 신발을 신지도 않는다는 데 있습니다. 내일 운동을 시작해야지, 새로운 공부를 해야지, 더 좋은 습관을 가져야지 하면서도, 정작 오늘은 안방을 떠나지 못합니다. 그렇게 미루고 미루다 보면, 어느새 인생이라는 마라톤은 출발조차 못 하고 끝나 버리기도 합니다.

마라톤은 단숨에 완주하는 경기가 아닙니다. 꾸준히 한 발 한 발 내디디는 과정에서 그 의미를 찾을 수 있습니다. 그런데 너무 큰 목표만을 바라보다가 스스로 주저앉히곤 합니다. "42.195 km를 달려야 한다."는 생각에 질려버려 신발을 신지도 않는 거죠. 하지만 마라톤에서 가장 중요한 것은 결승선이 아니라, 한 걸음 한 걸음을 쌓아가는 과정입니다.

마라토너들은 출발선에서 결승선을 떠올리지 않습니다. 오직 발 앞의 한 걸음, 그다음 한 걸음만을 생각합니다. 인생도 마찬가지입니다. 내일부터 완벽한 변화를 이루겠다고 다짐하는 것보다, 지금 당장 현관문을 나서는 것이 더 중요합니다. 오늘 조금 더 나은 선택을 하고, 작은 변화를 실행하는 것이야말로 위대한 실천입니다.

우선 신발을 신어야 합니다. 그리고 한 걸음만 내디뎌 봅니다. 거창한 목표가 아니어도 괜찮습니다. 가벼운 스트레칭부터 시작해도 좋고, 10분 동안 책을 읽어도 좋습니다. 중요한 것은 '완벽한 변화'가 아니라 '시작'하는 것입니다. 이제 안방을 떠나야 할 때입니다.

Don´t forget

★ _____
★ _____
★ _____
★ _____

Learning for Life ◆ 3

인문 · 철학 · 고전 · 인물로부터 배우는 지혜

37

논어에서 한 수 배웁니다 :

온고지신(溫故知新)

'온고지신'의 '온(溫)'에는 '따뜻하다', '데우다'라는 뜻이 있습니다. '온고(溫故)'란 '옛것(故)을 따뜻하게 데운다(溫)'는 뜻입니다. 새로운 것이란 어디에도 없던 것이 갑자기 툭 튀어나오는 것을 말하지 않습니다. 새롭게 발견되는 것입니다. 따뜻하게 데우는 과정, 다르게 말해 반복해서 익히는 과정을 통해 찾아낼 수 있습니다. '익히다'는 우리말에는 이 두 가지 뜻이 모두 담겨 있습니다. '무엇인가를 따뜻하게 데우다', '반복해서 내 것으로 만든다'는 두 가지 의미를 모두 가지고 있습니다.

공자는 말했습니다.

"옛것을 익혀 새로운 것을 안다."

새로운 것을 깨닫기 위해서는 먼저 옛것을 익혀야 한다는 뜻입니다. 이를 온고지신(溫故知新)이라고 합니다. 여기서 '온(溫)'은 데우고 익힌다는 뜻입니다. 옛것을 곱씹고, 체화하고, 따뜻하게 데우는 과정 속에서 새로운 의미가 발견됩니다.

뜨거운 국밥을 떠올려 봅시다. 국물은 처음엔 그저 평범한 맛입니다. 하지만 불을 지피고 오래 끓이면 깊은 맛이 우러납니다. 우리의 삶도 마찬가지입니다. 경험을 단순히 지나가는 기억으로 두지 않고 다시 데워야 합니다. 옛것을 따뜻하게 익히고 반복해 음미할 때, 그 속에서 우리는 새로운 깨달음을 얻을 수 있습니다.

우리가 고민하는 문제들은 이미 과거에도 존재했던 문제들입니다. 공자의 시대에도 사람들은 인간관계에 고민했고, 자기 발전을 꿈꿨으며, 삶의 의미를 찾고자 했습니다. 그 시대의 지혜를 익히고 다시 되새기는 과정에서 우리는 길을 찾을 수 있습니다.

우리 삶 곳곳에 스승이 있습니다. 할머니가 들려주시던 옛이야기, 오래된 고전 속 문장, 어릴 적 아버지가 해주시던 조언, 심지어 우리의 실수와 후회 속에도 배움이 있습니다. 중요한 것은 그것을 따뜻하게 되살려 다시 익히는 과정입니다. 온고지신을 통해 우리는 스스로 스승이 될 수 있습니다.

살면서 '모든 게 낯설다'고 느껴질 때, 새로운 길이 보이지 않을 때, 어쩌면 답은 새로운 것 속에 있는 것이 아니라, 옛것 속에 있을지도 모릅니다. 단순히 과거를 답습하는 것이 아니라, 그 속에서 새로운 의미를 찾는 것이 중요합니다.

옛글을 읽어보십시오. 한때 소중했던 가치를 떠올려 보십시오. 그것을 다시 익히고 데우는 순간, 당신만의 '새로운 것'이 피어날 것입니다. 삶의 해답은 늘 가까이에 있습니다. 단지 우리가 데우기를 기다리고 있을 뿐입니다.

Don´t forget

★
★
★
★

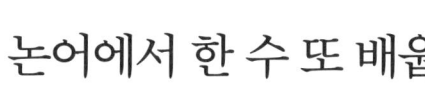

38

논어에서 한 수 또 배웁니다 :

미래를 알 수 있습니까?

子張問: 十世可知也. 子曰: 殷因於夏禮, 所損益可知也. 周因於殷禮, 所損益可知也. 其或繼周者, 雖百世可知也.
자장문: 십세가지야. 자왈: 은인어하례, 소손익가지야. 주인어은례, 소손익가지야. 기혹계주자, 수백세가지야.

자장이 "10대 뒤의 일을 미리 알 수 있습니까?"라고 묻자, 공자가 대답했습니다. "은나라는 하나라의 제도를 계승했으니, 그 감소한 것과 증가한 내용을 알 수 있으며, 주나라는 은나라의 제도를 계승했으니, 그 폐기된 것과 증가한 내용 역시 알 수 있습니다. 장차 주나라를 잇는 나라가 있다면, 백 대 뒤의 일이라고 할지라도 역시 미리 알 수 있습니다."

"10세(世) 후를 알 수 있습니까?"라는 제자의 물음에 대해 공자는 다음과 같이 답했습니다. "은나라는 하나라의 예법에 기인하고 있으니 덜고 더한 것을 알 수 있으며, 주나라는 은나라의 예법에 기인하고 있으니, 비록 100세 뒤의 일이라도 알 수 있을 것입니다."

1세는 대개 30년으로 계산하므로, 10세는 약 300년, 100세는 약 3000년에 해당합니다. 공자는 수백 년이 지난 미래라 하더라도, 과거 제도들의 흐름과 원리를 제대로 이해한다면 예측이 가능하다고 본 것입니다.

이는 마치 강의 흐름을 읽는 것과 비슷합니다. 비가 온다고 강의 방향이 갑자기 바뀌는 것이 아니라, 오랜 세월 쌓인 지형과 바위의 배치에 따라 물길이 흘러가듯이, 사회와 문화도 일정한 '형'과 '틀'을 따르게 됩니다. 공자는 이 '형'의 흐름을 이해한다면 미래 또한 짐작할 수 있다고 본 것입니다.

한 나라의 제도가 바뀐다고 해도, 그 뿌리에는 언제나 일정한 질서가 존재합니다. 삼강(군신·부자·부부)과 오상(인의예지신) 같은 인륜의 원칙, 그리고 이를 반영한 예법은 시대마다 이름과 형태를 달리할 뿐, 근본적으로 이어져 내려왔습니다. 지금 우리가 말하는 '기본 소양'이나 '공공의 도덕' 같은 개념도 다 그 연장선에 있습니다.

공자의 메시지는 지금 우리에게도 유효합니다. 요즘 사람들은 미래를 알고 싶어 합니다. 인공지능, 데이터 분석, 빅데이터 같은 도구들로 미래를 예측하려 하기도 합니다. 하지만 공자는 말합니다.

미래를 보려거든, 과거를 먼저 보라고.

　역사를 깊이 들여다보면, 잘된 점과 못된 점, 성공과 실패의 패턴이 보입니다. 그것은 단순한 '기록'이 아니라, 지금 우리가 해야 할 것과 하지 말아야 할 것을 가려낼 수 있는 거울입니다. 우리가 매일 아침 거울을 보며 옷매무새를 고치듯, 과거라는 거울을 통해 우리의 삶과 방향을 바로잡아야 한다는 뜻입니다.

　예를 들어, 어떤 집안이 몇 세대에 걸쳐 부유함을 이어갔다면, 그 집안의 가풍이나 습관 속에 그 이유가 숨어 있을 가능성이 큽니다. 반대로, 반복해서 실패를 겪은 경우에도 그 뿌리는 이전 세대의 무리한 판단, 혹은 작은 교훈을 무시한 데 있을 수 있습니다. 이처럼 역사는 단지 옛날이야기가 아니라, 지금 내 선택을 비추는 등불입니다.

　잘된 역사에서 배우는 것은 물론 중요합니다. 하지만 더 중요한 것은 실패한 역사에서도 교훈을 얻는 것입니다. 실패의 반복을 막기 위해, 우리는 그 원인을 분석하고, 그것을 되풀이하지 않기 위한 장치를 마련해야 합니다. 그럴 때 비로소 '같은 실수를 반복하지 않는 사회', '진보하는 개인'이 만들어집니다.

　결국 과거를 들여다보는 것은 단순한 향수가 아니라, 내일을 준비하는 실천입니다. 오늘의 내가 무심코 지나치는 선택 하나, 말 한 마디, 행동 하나가 후손에게는 유산이 됩니다. 그러므로 우리는 물려받은 역사 위에, 더욱 성숙한 역사를 더해 다음 세대로 전해야 합니다.

　미래는 예언이 아니라 선택이며, 그 선택은 과거를 어떻게 해석하고 받아들이느냐에 달려 있습니다. 그러므로 실패를 통해 배운 뼈아픈 역사를 결코 반복해서는 안 됩니다. 나를 비춰볼 거울은 언제나 내 곁에 있었으며, 그 거울은 바로 '과거'라는 이름의 교과서입니다.

Don´t forget

★
★
★
★

도덕경에서 한 수 배웁니다 :

수많은 '카더라' 덕분에 빠져든 도덕경

공자가 노자를 만나고 와서 "그는 마치 용 같은 사람이더라."라고 했다는 '카더라'는 물론, 톨스토이에게 당신의 생과 문학에 가장 영향을 끼친 이가 누구냐고 묻자 "공자와 맹자에게서 큰 영향을 받았다. 그러나 노자에게 받은 영향은 그보다 훨씬 거대했다."라고 했다는 '카더라'도 있습니다.

또한 주역, 논어와 함께 동아시아 사상 및 철학 체계에 가장 큰 영향을 준 책이라는 '카더라', 루쉰이 "노자를 읽지 않고서는 인생의 진수를 알 수 없다."라고 했다는 '카더라', 특히 주역처럼 도덕경 역시 서양 학자들의 애독서로 유명했다는 '카더라'는 결정타가 되어 저를 도덕경 탐독으로 이끌었습니다.

우리는 왜 고전을 읽을까요? 오래전에 쓰인 글들이 지금까지 읽히는 이유는 거기에 인간의 본질적인 부분을 건드리는 강한 매력이 담겨 있기 때문일 것입니다. 독일 철학자 카를 야스퍼스는 대략

기원전 900년부터 200년까지를 '축의 시대(Axial Age)'라고 불렀습니다. 이 시기에 공자와 노자, 손자, 인도에서는 붓다, 그리스에서는 소크라테스와 플라톤 같은 다양한 철학자와 학파가 등장했습니다. 야스퍼스는 축의 시대를 인류의 정신적 발전에서 중심을 이루는 축으로 보았습니다. '어떻게 살아야 하는가'에 대한 해답이 이미 이 시기에 나왔기 때문입니다.

이미 주역을 오래 공부해 왔던 저로서는 도덕경 공부는 필수, 필연, 필독서인 셈이었지요. 게다가 작사가이자 작곡가인 저에게 도덕경은 산문이라기보다 시에 가깝습니다. 노래가 결국 시의 음악적 확장이니까요. 도덕경은 문장이 짧고 상징적이며 함축적인 표현이 많습니다. 이는 마치 동양화와 같습니다. '여백의 미'를 제대로 느낄 수 있죠. 그 여백을 해석하는 것은 그림을 감상하는 사람의 몫입니다.

도덕경은 말하지 않음으로써 가르침을 전합니다. 노자가 실존 인물인지 아닌지 여전히 논란이 있지만, 암튼 그가 실존 인물이었다면, 아마도 '진정한 본질은 언어로 규정할 수 없다'라고 주장했을 것입니다. 그는 말을 아끼면서 오히려 생각이 춤을 출 공간을 두었습니다. 그래서인지 도덕경은 유독 많은 해설서와 주석서를 가진 책입니다. 심지어 서양에서는 동양고전 중 가장 많이 번역되어 100여 종의 번역서가 있다고 합니다.

도덕경은 이상하게 사람의 마음을 진정시켜 줍니다. 아픈 마음을 치료해 주고, 불안과 혼란에서 잠시 벗어나게 해줍니다. 시련과 역경에 처해 있을 때 마음의 쉴 곳을 제공해 주기도 합니다. 도덕경은 비움의 미학입니다. 이는 '하나를 더하는 게 중요한 게 아니라 해로운 것 하나를 제거하는 게 중요함'을 늘 외치며 술과 육식, 밀가루 등 제 몸에 해로울 수 있는 것들을 죄다 끊어버린 저의 철학과도 딱 맞습니다. 도덕경에 따르면 인생은 위대한 것이 아니며, 출세란 부질없는 것입니다. 앞만 보고 달려온 피곤한 인생의 여정에서 잠시 벗어나 고전으로부터 위로받을 수 있다는 것은 상당히 매력적입니다.

역사에서 일어나는 잔혹한 전쟁이나 사회적 갈등의 대부분은 '채움'에 집착한, 그러나 '비움'이 부족했던 지도자들로부터 시작되었습니다. 반면, 지혜로운 사람은 자신의 재능이나 덕을 함부로 드러내지 않고 겸손하게 세상과 어울립니다. 함께 잘 사는 세상을 만들기 위해선 처지가 다른 사람도, 생각이 다른 사람도 품어야 합니다. 있는 듯, 없는 듯, 그게 진정한 리더입니다.

골짜기와 빈 그릇, 이들은 모두 비어 있기 때문에 현묘한 도의 작용이 가능합니다. 물은 만물을 이롭게 하지만 다투는 법이 없어 가장 낮은 곳에 자리합니다. 그런데 지금의 세상을 보면 온통 높고 강함 만을 추구하고 있습니다. 모두 많은 돈을 벌어 부자가 되고 싶어 하고, 높은 자리에 올라 권력을 갖고 싶어 하지요. 그렇게 거머쥔 권력과 부를 드러내고 싶어 안달합니다. 하지만 높고 강함은 생각보다 오래가지 못합니다.

부드럽고 약한 것이 굳세고 강한 것을 이깁니다. 강한 건 부러집니다. 부드러운 건 부러지지 않습니다. 굽을 뿐입니다. 굽은 건 다시 펴면 됩니다. 부드러운 얼굴, 미소 짓는 얼굴이 분노로 일그러진 얼굴을 펴주는 촉매 역할을 합니다. 바보처럼 부드럽게 사는 사람이 어려움에 처하면 주변에서 서로 도와주려 합니다. 부드러움이 자신을 보호합니다. 부드러움은 겸손과도 같습니다.

위대한 실학자인 다산 정약용 선생은 공직자로서 가슴에 새기며 살아야 할 한 글자로 '畏(외, 두려워함)'를 거론했습니다. 선생의 당호(堂號) '여유당(與猶堂)'도 같은 맥락입니다. 이는 남명 조식 선생께서 평생 차고 다녔던 쇠방울인 성성자(깨달음의 방울), 주역 중 천건괘의 구삼효 '군자 종일건건 석척약 려 무구'의 철학과도 일맥상통입니다. 도덕경을 한 번이라도 읽어본 사람이라면 나도 모르게 유위의 태도가 불쑥불쑥 나오려고 할 때 최소한 '아차! 무위를 생각하자!' 정도는 할 수 있을 것입니다.

누군가 저에게 '그래서 도덕경이 뭔 얘길 하는 건데?'라고 물어본다면 저는 이렇게 답하겠습니다. 부쟁, 싸우지 않고 오래가는 법. 도덕경은 결국 '싸우지 말라'는 것이며, 오래가는 법을 알려주는 책이라고. 그걸 알려주려고 그렇게 오랜 시간을 꿋꿋하게 노자의 목소리를 빌려 우리 주변을 배회하고 있었다고. 하지만 사람들이 읽지 않을 뿐이고, 도덕경의 가르침 대로 실천하지 않을 뿐이라고.

싸우지 않고 이기는 것이 부쟁지덕입니다. 나의 힘을 자랑하지 않고 경솔하게 나서지 않는 것이 핵심입니다. 이는 손자병법의 유명한 문구로도 등장합니다. 백 번 싸워 백 번 이기는 것이 최선책이 아니라, 싸우지 않고 적을 굴복시키는 것이 최선책입니다[百戰百勝, 非善之善者也, 不戰而屈人之兵, 善之善者也. 백전백승, 비선지선자야. 부전이굴인지병, 선지선자야.].

싸워서 이기는 방법이 하책이요, 싸움을 피하는 길이 그보다 나은 계책이며, 애초에 싸울 일을 만들지 않는 것이 상책이라 했습니다. 어디에 내놔도 살아남는 비결은 이거밖에 없습니다. 만족함을 알면 욕됨이 없고, 멈춤을 알면 위태함이 없어 가히 오래갈 수 있습니다. 더 좋은 것, 더 높은 것, 더 귀한 것, 이런 식으로 가다간 끝이 없으며, 적당히 멈출 줄 알아야 욕되지 않고, 위태롭지 않고, 그래야 오래갈 수 있습니다. 이는 삼척동자도 다 아는 거지만, 팔십 노인도 실천이 안 될 뿐입니다. 그래서 도덕경을 수없이 반복해서 읽고, 서로 알려주고, 이런 수업도 듣고 해야 합니다.

　세상을 살면서 가장 어려운 일 중 하나가 지금의 현실에 만족하며 사는 일입니다. 아무리 높은 자리와 많은 돈을 가진 사람도 지금의 현실에 만족하지 못하면 언제나 불행한 사람일 수밖에 없고 아무리 낮은 자리와 적은 돈을 가진 사람이라도 지금의 현실에 만족하고 산다면 그 사람이야말로 가장 행복한 사람입니다. 행복(幸福)이라는 단어 자체가 그런 뜻을 품고 있습니다.

　마지막으로, 혹시 자녀를 두신 분들께는 도덕경 51장을 강력히 추천합니다. 생이불유, 낳되 소유하지 않는다는 뜻입니다. 노자가 발견한 자연의 섭리이자, 사람들에게 권하는 해법입니다. 내가 만들었다고 소유하려 하지 않음, 즉 자연은 만물을 태어나게 했어도 소유하려 하지 않습니다. 사람도 내가 만든 것이라고 소유를 주장해서는 안 됩니다.

　이는 자녀 관계에도 적용해야 합니다. 부모와 자녀 간 갈등은 대개 서로를 소유하려는 데에서 기인합니다. 소유하려는 마음은 상대에게 자기 삶의 방식을 강요하게 합니다. 이는 교육이나 조언이란 형식을 띱니다. 그러나 그러한 조언은 상대에게 도움이 되기는커녕 반감을 일으키기 쉽습니다.

  아들, 딸을 조용히 지켜보고 안아주는 것, 그리고 여름날 소나기처럼 지나가기를 진심으로 기도하는 것, 이렇듯 든든한 지지자로, 버팀목으로 곁을 지켜주는 것이야말로 노자가 말한 '생이불유'의 한 실천이 아닐까요?

Don't forget

★ _____
★ _____
★ _____
★ _____

도덕경에서 한 수 또 배웁니다 :

화(禍)와 복(福)

 행운을 바란다면 따라오는 불운도 감당해야 합니다. 반대로 불운 때문에 고통스러워하고 있다면 불운에도 반드시 행운이 따라오니 참아볼 만합니다. 인간의 화(禍)와 복(福)은 서로 맞물려 있습니다. 재앙만 입고 복을 받지 못할 리 없습니다. 복만 받고 화는 멀리할 방법도 없습니다.

노자의《도덕경》23장에 이런 글이 나옵니다.

飄風不終朝, 驟雨不終日.
표풍부종조, 취우부종일.

돌개바람은 아침 내내 불지 않고, 소나기는 하루 종일 내리지 않는다.

돌개바람이나 소나기뿐만이 아닙니다. 영원할 것만 같던 제국도 시간이 지나면 역사에서 사라지고 새로운 국가가 나타납니다. 밤하늘의 달도 보름달이 되었다가 기울고 다시 차게 됩니다. 세상에는 영원불변한 것이 없습니다. 이것이 자연의 이치입니다. 동양에서는 자연의 이치를 사상의 기초로 삼았습니다.

과거의 나와 현재의 나는 같은 '나'일까요, 다른 '나'일까요? 시간이 지나면 피부도 때로 변신해 밀려 나가고, 머리카락도 힘없이 땅으로 떨어집니다. 손톱도 일정 기간마다 잘려 나가죠. 단지 눈에 보이는 것뿐일까요? 눈에 보이지 않는 우리 신체의 모든 조직도 그렇습니다. 과학자들의 주장에 따르면 원자[atom] 수준에서 우리의 간은 6주, 피부는 1개월, 위벽은 5일마다 새롭게 생성되며, 영원할 것처럼 보이는 뼈도 3개월마다 새것으로 교체됩니다. 그래서 일 년 전과 지금의 우리는 물리적으로 98퍼센트나 다르다고 합니다.

태극기 가운데에 있는 태극무늬를 살펴볼까요? 위아래로 음과 양이 나누어져 있습니다. 음과 양의 면적이 같습니다. 같은 면적을 나누는데 직선으로 나누지 않았습니다. 양쪽 끝을 살펴보면 음이 가장 많은 면적을 차지하는 순간 양이 가장 적게 됩니다. 반대로 양이 가장 많은 면적을 차지하면 음이 가장 적게 됩니다. 음의 기운이 극대화되는 순간 양의 기운이 시작됨을 의미합니다. 반대도 마찬가지입니다. 양의 기운이 가장 커질 때가 바로 음의 기운이 시작되는 순간입니다.

결국 가장 불행할 때 그 속에 행복의 씨앗이 자라고 있다는 뜻입니다. 마찬가지로 가장 행복할 때 그 속에 불행의 씨앗이 싹트고 있다는 의미이기도 합니다. 불행과 행복은 언제나 양을 똑같이 합니다. 지금껏 불행했다면, 지금이 가장 불행한 순간이라면 이제 불행이 끝날 때가 되었다고 생각하면 됩니다.

들어오는 복이 있으면 나가는 복이 있어야 한다는 말이 있습니다. 사주 풀이에서 재물복이 많은 사람은 사소한 일로도 큰 재물을 쌓을 수 있다고도 보지만, 그 재물로 인해 손해를 입는다고도 봅니다. 물질적인 손해일 수도 있지만 인심을 잃거나 명예를 잃을 수도 있다는 것이지요.

재물복으로 오는 재앙은 어떻게 막을 방법이 없는 것일까요? 방법이 있습니다. 남을 위해 열심히 베풀면 됩니다. 많은 재물을 남과 나눠 쓰는 것도 좋은 방법이고, 힘든 사람을 위해 몸과 마음으로 위로하고 격려해 마음의 짐을 덜어주는 방법도 있습니다.

그러니 지금 불운해서 괴롭다면 불운이 끝나고 행운이 올 때를 기다리면 됩니다. 지금 내가 불운하다면 남을 기쁘게 만드는 일을 하나씩 시작하면서 불운이 끝나는 시간을 조금 당겨보는 건 어떨까요?

禍兮福之所倚, 福兮禍之所伏, 孰知其極.
화혜복지소의, 복혜화지소복, 숙지기극.

재앙이라는 것은 복이 의지하고 있는 것이고
복이라는 것은 재앙이 숨어 있는 것이니
누가 그 끝을 알겠는가.

Don´t forget

★
★
★
★

사뮈엘 베케트에게 한 수 배웁니다 :

생명이 있는 모든 것들의 숙명, 기다림.

사뮈엘 베케트의 희곡 『고도를 기다리며』는 무대 위에 정지된 시간과 움직임 없는 인물을 통해 인간 존재의 본질적 물음을 던지는 작품입니다. 블라디미르와 에스트라공이라는 두 인물은 '고도'라는 인물을 기다립니다. 그러나 고도는 끝내 오지 않습니다. 고도가 누구인가에 대한 명확한 설명은 없으며, 그것은 신일 수도 있고, 미래일 수도, 희망이나 구원일 수도 있습니다. 정체를 알 수 없는 대상에 대한 기다림은 결국 인간 삶의 부조리 그 자체를 상징합니다. 이성과 본능, 주체와 객체, 권력과 무력함 등 두 인물의 대화는 끊임없는 갈등 속에서 삶의 무게를 드러냅니다. '왜 기다리는가'가 아니라, '기다림이라는 행위 자체가 무엇을 의미하는가'라는 질문을 던지며, 작품은 관객으로 하여금 본질적인 고독과 무력함을 응시하게 합니다.

동양철학은 이와 같은 부조리한 기다림에 대해 어떤 시선을 가졌

을까요.『도덕경』에서는 "무위이무불위(無爲而無不爲)"라 하여, 아무것도 하지 않음으로써 모든 것을 이룰 수 있다는 역설을 말합니다. 기다림 속에 무력하게 잠식되지 말고, 기다림 자체를 능동적으로 바라보라는 메시지입니다.

우리는 수많은 '고도'를 기다립니다. 합격 통지서, 연인에게서의 연락, 수술 결과, 사회적 인정을 향한 끝없는 노력… 그러나 그 기다림이 끝없이 연기될 때, 삶은 텅 빈 듯 느껴지고, 존재의 의미는 흐릿해집니다. 어느 누구도 '지금 이 자리'에 있는 나를 인정해 주지 않는 듯한 허망함에 사로잡히기도 합니다. 어쩌면 가장 괴로운 것은 그 기다림의 끝이 없다는 사실이 아니라, 그 끝이 '정말 올지' 알 수 없다는 불확실성입니다.

기다림 속에서도 삶은 흘러가고 있으며, 우리는 그 흐름 속에서 이미 무언가가 되어가고 있습니다. 기다림을 정지로만 여기지 않고, 내면의 성장을 위한 시간으로 바라본다면, 기다림조차도 내 삶의 일부로 받아들일 수 있을 것입니다.

결국, 우리는 '고도'를 기다리는 자로 머물 것인가, 아니면 스스로 '고도'가 될 것인가 하는 선택 앞에 서 있습니다. 희망을 타인에게 위임한 채 살아가기보다는, 스스로가 누군가에게 의미 있는 존재가 되는 길, 내가 나의 목적이 되는 길로 나아가야 합니다. 기다림이 아닌 '걸어감'을 선택할 때, 삶은 비로소 주체적인 빛을 띠기 시작합니다.

오늘도 무언가를 기다리며 살아가는 당신, 그 기다림 속에서 자신을 놓치지 않기를 바랍니다. 당신이 기다리는 고도가 오지 않더라도, 당신은 이미 누군가에게 고도일 수 있기 때문입니다. 지금 이 순간, 당신의 존재 자체가 누군가의 희망이라는 사실을 잊지 마십시오.

Don't forget

★
★
★
★

니체에게 한 수 배웁니다 :

초인

 니체가 제시한 '초인'. '초'는 초월입니다. 초월의 대상은 바로 어제의 자신이죠. 진짜로 난 사람은 남보다 뛰어난 사람이 아니라 어제의 자신을 뛰어넘은 사람입니다. 어제까지 책을 한 장도 안 보던 사람이 오늘 한 문장이라도 읽기 시작하면 그게 바로 초월, 어제까지 피던 담배를 오늘 당장 안 피는 것, 그것도 초월입니다.

'영원회귀'는 뭘까요? 지금 살고 있는 모습, 지금 살아가는 그 순간을 다음 생애에 똑같이, 동일하게 살아도 괜찮을지에 대한 질문입니다. 영원히 다시 반복되어도 흔쾌히 다시 살 수 있는, 그런 삶을 당장 살자는 겁니다.

다음은 낙타, 사자, 어린아이 개념입니다.

나는 (남이 명령하는 대로) 해야 한다 : 낙타 정신 : 노예, 복종.

스스로 판단하지 못하고 그냥 받아들이는 존재, 낙타. 낙타는 의무의 존재입니다. 내가 질 필요가 없는 짐을 지고 가는 거죠. 낙타가 지고 가는 술이 낙타가 마시는 게 아니지만, 싫다고 말 못하고 낙타는 나릅니다. 자기만의 좋음과 나쁨의 기준이 없고 사회가, 또는 부모가 정해준 기준대로 사는 것이 바로 낙타입니다.

나는 (내 뜻대로) 하길 원한다 : 사자 정신 : 자유

낙타가 좋음과 나쁨에 대한 자신만의 기준을 가지게 되면 이제 사자가 됩니다. 사자에게 감히 술을 나르게 할 수는 없습니다. 하지만 사자는 파괴의 단계로는 진입했으나 창조의 단계로는 도약하지 못합니다. 사자는 늘 약육강식의 세계에서 경쟁해야 하고, 승리해야만 한다는 압박감이 있습니다.

최고의 몰입 : 아이 정신 : 창조

그다음 단계는 어린아이입니다. 어린아이가 의미하는 것은 긍정, 망각, 해체와 창조, 스타일, 즉 개성입니다. 어린아이는 해변에 가면 모래성을 만들고 부수고 만들고 부수기를 반복합니다. 해체와 창조의 반복이죠. 주역으로 말하자면 '혹약재연'입니다. 때로 도약해 보고 안 되면 다시 연못으로 돌아오는 거죠. 자신만의 창조관, 스타일, 개성이 있는 사람은 얽매이지 않는 행동이 가능합니다. 누가 시켜서 하지 않고, 누군가를 이기겠다는 욕망도 없습니다. 어린아이의 눈으로 보는 세상은 늘 아름답습니다.

Don´t forget

★
★
★
★

43

반야심경에서 한 수 배웁니다 :

월급은 통장을 스칠 뿐

 월급날이 되면 많은 사람들이 기대에 부풉니다. 그러나 그 기쁨은 순간일 뿐, 돈은 곧 생활비와 고정지출로 빠져나갑니다. 마치 바람처럼, 물처럼 잠시 손에 머물다 사라지는 것이지요. 우리는 정말로 월급을 소유하고 있는 것일까요? 아니면 그저 잠시 스치게 했을 뿐일까요?

우리의 인생도 그러합니다. 집을 사고, 자동차를 사고, 더 나아가 명예와 권력을 쌓으며 무언가를 '소유'했다고 믿습니다. 그러나 결국 이 모든 것은 우리 곁을 잠시 스칠 뿐입니다. 재산도, 젊음도, 관계도, 심지어 우리의 몸도 영원히 머무르지 않습니다.

우리가 태어나기 전, 이 세상의 모든 것은 이미 존재하고 있었습니다. 그리고 우리가 떠난 후에도 그것들은 그대로 남아 있을 것입니다. 그러니 우리가 어떤 물건을 '소유한다'는 것은 그저 일시적인 점유일 뿐, 궁극적인 지배가 될 수 없습니다.

우리는 우리의 육체조차 온전히 소유할 수 없습니다. 몸은 나이가 들고, 병들고, 상처받고, 결국엔 죽음을 맞이합니다. 우리가 우리의 몸을 완벽하게 통제할 수 있다면, 늙고 병드는 것을 막을 수 있어야 합니다. 하지만 현실은 그렇지 않습니다. 우리의 육체는 단지 영혼이 머무르는 임시 거처일 뿐입니다.

반야심경에서 말하는 "색즉시공, 공즉시색"은 존재의 본질을 꿰뚫는 통찰입니다. '색(色)'은 형상 있는 모든 것을 의미하고, '공(空)'은 실체가 없는 본질을 뜻합니다. 즉, 우리가 보고 만질 수 있는 모든 것은 결국 공(空)이며, 공(空) 또한 색(色)과 다르지 않습니다.

우리가 소유한다고 믿는 모든 것은 본질적으로 공(空)과 같습니다. 재산도, 권력도, 심지어 우리의 육체도 변하고 사라질 운명을 지녔습니다. 그러나 반대로 공(空) 또한 색(色)과 다르지 않습니다. 즉, 아무것도 소유하지 못하는 듯 보이지만, 그 자체가 곧 자유이기도 합니다.

욕망과 집착에서 벗어나면 오히려 진정한 자유를 경험할 수 있습니다. 집착이 사라질 때, 소유하려는 강박에서 벗어날 때, 우리는 비로소 존재 자체의 본질을 깨닫게 됩니다. 소유에 집착하는 삶은 마치 물 위에 그림을 그리는 것과 같습니다. 손에 쥐었다고 생각하는 순간, 그것은 사라집니다. 그러나 존재 자체를 깨닫고 받아들이는 삶은 바람을 마주하는 것과 같습니다. 바람은 잡을 수 없지만, 그 존재를 느끼고 함께 흐를 수 있습니다.

진정으로 소유할 수 있는 것은 우리의 정신과 영혼뿐입니다. 물질적인 것은 우리 것이 될 수 없지만, 우리가 어떤 태도로 삶을 바라볼지는 온전히 우리에게 달려 있습니다. 소유에 얽매이지 않을 때, 우리는 더 이상 불안하지 않습니다. 그리고 그 순간, 우리는 진정한 평화 속에서 살아갈 수 있습니다.

Don´t forget

★
★
★
★

성경에서 한 수 배웁니다 :

빠른 자가 경주에서 이기는 것이 아니며…

 사람들은 흔히 말합니다.

"노력하면 반드시 된다."

하지만 우리는 살아가면서 수없이 깨닫습니다. 빠른 자가 항상 경주에서 이기는 것이 아니고, 강한 자가 반드시 전쟁에서 승리하는 것도 아닙니다. 지혜로운 사람이 꼭 부를 얻는 것도 아니고, 똑똑한 사람이 반드시 인정받는 것도 아닙니다.

인간은 때때로 통제할 수 없는 흐름 속에 놓입니다. 노력과 능력이 중요하지 않다는 것이 아닙니다. 다만, 세상에는 노력만으로 해결되지 않는 것들이 있으며, 때와 기회가 작용하는 순간들이 있다는 것입니다.

우리는 때로 조급해집니다. 빠르게 목표에 도달하려 애쓰고, 당장 결과가 나오지 않으면 불안해합니다. 하지만 강물은 서두르지 않습니다. 장애물이 나타나면 돌아가고, 폭포를 만나면 잠시 떨어지지만, 결국 넓은 바다에 이릅니다.

삶도 그렇습니다. 빠르다고 해서 항상 먼저 도착하는 것은 아닙니다. 때로는 기다림이 필요하고, 돌아가는 길이 더 안전한 길일 수도 있습니다. 남들보다 느리다고 초조해하지 마십시오. 중요한 것은 속도가 아니라 방향입니다.

우리는 언제나 "더 빠르게, 더 강하게"를 강요받습니다. 그러나 현실은 언제나 기대대로 흘러가지 않습니다. 열심히 공부했지만, 원하는 대학에 가지 못한 사람도 있고, 밤낮없이 일했지, 원하는 성과를 얻지 못한 사람도 있습니다. 노력과 관계없이 사업이 실패할 수도 있고, 예상치 못한 사건이 우리의 인생을 뒤흔들 수도 있습니다.

"내가 부족해서 그런 걸까?"

세상은 우리의 노력만으로 움직이지 않습니다. 흐름이 있고, 기회가 있으며, 우리가 통제할 수 없는 요소들이 있습니다. 중요한 것은, 실패가 끝이 아니라는 사실입니다. 강물처럼 흐름을 따라가다 보면, 언젠가 자신이 원하는 바다에 다다르게 됩니다. 그러니 조급해하지 마십시오. 당신의 삶은 지금도 흐르고 있습니다. 동양철학에서는 순응하면서 나아가는 것을 강조합니다. 억지로 싸우지 말고, 흐름을 활용하라는 것입니다.

바람은 항상 불지 않습니다. 그러나 기회가 왔을 때 언제든 돛을 펼칠 준비가 되어있어야 합니다. 실패는 당신이 부족해서가 아니라, 단지 흐름이 아직 당신에게 오지 않았기 때문일 수도 있습니다.

남이 앞서간다고 조급해할 필요가 없습니다. 강물은 자신의 길을 따라 흘러갈 뿐입니다. 충분히 노력하고 있다면, 반드시 기회는 옵니다. 중요한 것은 그것을 알아보고 잡을 준비가 되어있느냐 하는 것입니다.

인생은 경주가 아닙니다. 강물이 흘러가듯, 바람이 흐르듯, 우리는 각자의 길을 따라 나아갑니다. 빠르다고 먼저 도착하는 것이 아니고, 강하다고 끝까지 버티는 것도 아닙니다. 중요한 것은, 흐름을 타고 나아가는 것입니다.

그러니 오늘도 당신만의 속도로, 당신만의 길을 걸어가십시오. 때가 되면, 바람은 당신을 원하는 곳으로 데려갈 것입니다.

전도서 9장 11절에서 다음과 같이 말합니다.

"내가 다시 해 아래에서 보니 빠른 자가 경주에서 이기는 것이 아니며 강한 자가 전쟁에서 이기는 것이 아니며 지혜 있는 자가 음식을 얻는 것이 아니며 명철한 자가 재물을 얻는 것이 아니며 지식 있는 자가 은총을 얻는 것이 아니니 이는 시기와 기회가 그들에게 임함이라."

I have seen something else under the sun: The race is not to the swift or the battle to the strong, nor does food come to the wise or wealth to the brilliant or favor to the learned; but time and chance happen to them all.

Don't forget

★
★
★
★

45

중용에서 한 수 배웁니다 :

중용은 '중간'이 아닙니다.

중용(中庸)의 '중(中)'은 흔히 '가운데', '균형'의 의미로 이해되지만, 보다 본질적인 개념은 '적중(的中)'에 있습니다. 이는 단순한 중간 지점의 유지가 아니라, 상황에 맞게 가장 정확한 지점을 찾아내는 능력을 의미합니다. 활을 쏘아 과녁의 정중앙을 맞히는 것처럼, 중용의 중은 매순간 변화하는 환경 속에서 최적의 선택을 하는 능력입니다.

예를 들어, 정치의 영역에서도 이 개념을 찾을 수 있습니다. 좋은 지도자는 단순히 극단을 피하는 것이 아니라, 국가와 국민에게 가장 필요한 정책을 시의적절하게 집행하는 사람입니다. 예컨대, 경제 위기 상황에서 정부가 취해야 할 태도는 그저 긴축과 확장 사이에서 중간을 찾는 것이 아니라, 현실에 맞게 최적의 해법을 도출하는 것입니다. 즉, 단순한 절충이 아닌 정밀한 적중이 필요한 것입니다.

건강에서도 중용의 원리를 찾을 수 있습니다. 이상적인 혈압이 120과 80 사이에 위치하는 것은 결코 무작위적인 숫자가 아닙니다. 이는 인체가 최상의 상태를 유지하기 위한 가장 적절한 범위이며, 너무 높거나 낮으면 건강에 위험이 따릅니다. 즉, 건강한 혈압은 단순한 평균값이 아니라, 몸이 정상적으로 기능하는 최적의 지점을 의미합니다. 이처럼 중용은 단순한 중간값이 아니라, 적절한 균형을 찾아내는 지혜의 실천입니다.

중용(中庸)의 '용(庸)'은 단순히 적절한 상태를 유지하는 것이 아니라, 이를 실천하고 행동으로 옮기는 것을 의미합니다. 농부가 계절에 따라 씨를 뿌리고 적절한 시기에 수확하는 것처럼, 중용의 용은 적중한 선택을 실제로 실행하는 힘입니다. 비록 좋은 균형점을 찾았더라도 행동으로 이어지지 않으면 아무 의미가 없습니다.

또한, 중용의 용은 끊임없이 지속하는 실천의 태도를 의미합니다. 운동을 할 때 한 번만 적절한 강도로 운동하는 것이 아니라, 꾸준히 유지할 때 건강이 증진되듯이, 중용의 원칙도 삶에서 지속적인 실천이 필요합니다. 좋은 음악가가 한 번 적절한 연주를 하는 것이 아니라, 연습과 공연을 지속적으로 반복해야 하는 것과 같은 이치입니다.

일상에서도 우리는 중용의 중을 적중으로 이해하고, 중용의 용을 실천으로 받아들여야 합니다. 대화에서 상대방의 기분을 고려해 적절한 어조와 표현을 쓰는 것, 일의 우선순위를 판단하여 가장 효과적인 결정을 내리는 것, 그리고 이를 실제 행동으로 옮기는 것 모두 중용의 실천입니다. 중요한 것은 '그때그때 상황에 맞는 최적의 선택'을 하고, 이를 꾸준히 실천하는 것입니다.

결국, 중용의 가치는 단순한 중간 유지가 아닌, 변화하는 환경 속에서 늘 가장 적절한 길을 찾아내고 이를 실천하는 지혜와 행동력에 있습니다. 이는 곧 우리의 삶을 더욱 조화롭고 효과적으로 만드는 실천적 철학이 될 것입니다.

Don't forget

★
★
★
★

46

텃밭 농사에서 한 수 배웁니다 :

'일음일양'의 원리

 혹시 텃밭 농사를 지어보셨는지요? 텃밭을 몇 년 해보니 심으면 심는다고 꼭 열매를 맺지 않는 경우도 많다는 걸 알겠더군요. 그 간단한 우주의 원리를 텃밭 농사에서 깨닫습니다. 우주의 원리가 그렇다면, 암튼 뭐라도 심어야 나든 말든 할 거 아닌가요? 올해 농사가 잘 안됐으면 보강해서 내년 농사를 잘 지어보면 되지요. 인생사 새옹지마의 연속, 우주 구성원 그 누구라도 거시적 측면에서 보면 좋거나 나쁜 일들이 음양의 원리로 교차하기 마련입니다.

일음일양지위도, 하나의 음이 있다면 하나의 양이 반드시 있기 마련인데, 우리는 그걸 미처 체감하지 못할 뿐입니다. "아닌데, 난 안 좋은 일만 늘 생기던데?"라고 말하는 사람도 일음일양지위도의 원리를 깨닫지 못하는 발언일 뿐입니다. 살아서 존재하고 밥을 먹고 말하고 글을 쓸 수 있는 것도 하나의 측면에서 보면 양(陽)입니다. 몹쓸 질병에 걸려서 드러누워 사경을 헤매고 있지 않은 것도 어

찌 보면 양(陽)의 역할입니다. 심지어 밥 굶지 않고 "늘 안 좋은 일만 생긴다."라며 투덜댈 수 있는 여유가 있다는 것만으로도 양(陽)의 상태에 놓였다고 볼 수 있습니다.

어쩌면 우리는 늘 곁에 있는 기적을 너무 당연하게 생각하면서 사는지도 모릅니다. 엄마가 딸을 만나고, 가족이 함께 밥을 먹고, 울고 웃는 평범한 일상이 분명 누군가에겐 기적 같은 일일 수 있습니다. 그저 우리가 눈치채지 못하고 있을 뿐이지요. 일단 이 넓은 우주 다른 행성이 아니라 지구라는 운 좋은 행성에서 생명체로 태어날 수 있었음에 감사해야 합니다. 한 사람이 탄생하고 이 모든 과정을 통해 이 사람이 지니게 되는 유전정보의 고유성은 10^{422}(10의 422제곱) 분의 1에 해당한다고 합니다. 다시 말해서 이 고유함이 곧 여러분들 각 사람이 지닌 정보의 정체성입니다. 그러한데도 감사를 모르고 살아서야 되겠습니까?

같은 논리로 "저 요즘 왜 이렇게 안 좋은 일만 생기죠?"라는 고민을 털어놓는 사람들도 우주적 측면에서 보자면 속된 말로 다 '호강에 겨워 요강에 똥 싸는 소리' 아닐까요? 음과 양이 늘 공존하고 있음을 간과하기에 그렇다고 봅니다. 그러므로 저런 투덜댐의 구덩이 속에서 허우적댈 게 아니라 구덩이에서 얼른 나올 생각을 해야 합니다. 음양(陰陽)이 반드시 공존할 수밖에 없다면, 낮은 레벨의 양(陽)을 어떻게 높은 레벨의 양(陽)으로 바꿀 것인가에 대한 연구와 실천이 필요하지 않을까요?

일음일양지위도가 우주의 원리라면, 이제 우리는 등가교환의 법칙을 생각해야 합니다. 하나를 잃으면 반드시 하나를 얻는 법. 누구나 하나의 음(陰)으로 주춤했다면 하나의 양(陽)을 반드시 부여받기 마련인데, 그 양(陽)의 레벨을 1점짜리로 받을 것인가 10점짜리로 받을 것인가에 대한 연구와 준비가 필요합니다. 대다수의 사람은 일음일양지위도 자체를 모르고 있고, 그것을 안다고 해도 이 점수 차에 대한 이해가 없기에 늘 제자리걸음을 반복합니다. 실은 알게 모르게 우리는 일상생활 속에서 내가 체감하지 못할 뿐, 양(陽)을 부여받고 있었던 것임을 깨달아야 합니다.

그러면 어떻게 해야 레벨이 높은 양(陽)을 부여받겠습니까? 그 비결이 바로 '적선'과 '무재칠시'입니다. 적선은 돈을 주는 게 아닙니다. 주역의 <문언전>은 건괘와 곤괘에 대한 해설서인데, 곤괘를 해설하는 글 가운데 '적선지가 필유여경', 줄여서 '적선여경'이라는 유명한 말이 나옵니다.

> "선을 쌓은 집안은 반드시 남는 경사가 있고, 불선을 쌓은 집안에는 반드시 남는 재앙이 있다."

이것이 적선입니다. 무재칠시는 재물 없이 할 수 있는 일곱 가지 보시를 말합니다. 이는 베풀고 싶은 마음만 있으면 언제든 할 수 있는 보시입니다. 돈이 없어서, 여유가 없어서 보시하지 못했다면 그것은 핑계입니다. 무재칠시는 삶 속에서 누구나 실천할 수 있기 때문입니다.

첫째는 눈의 베풂이니, 언제나 좋은 눈으로 사람들을 바라보되 사악한 눈으로 보지 않는 것입니다. 이것을 눈의 보시라고 합니다.

그 밖에도 부드러운 말로 하는 보시인 언사시(言辭施), 기쁘고 선량한 마음으로 상대를 대하는 보시인 심시(心施), 환한 낯빛의 보시인 화안열색시(和顏悅色施) 등이 있습니다.

요컨대 밝은 눈빛, 따뜻한 얼굴, 친절한 말만으로도 이번 생의 공덕은 다 쌓을 수 있습니다. 여러분은 지금 어떤 눈빛과 어떤 얼굴로 어떤 말을 하고 계시나요?

Don't forget

★
★
★
★

47

남명 조식에게서 한 수 배웁니다 :

깨달음의 방울

> "역(易)을 잘 아는 사람은 점(占)을 치지 않는다[善爲易者不占 또는 善於易者不卜, 선위역자부점 또는 선어역자불복]."
>
> ―순자(荀子)

　주역은 철학책입니다. 주역을 공부한 사람은 오히려 점을 치지 않습니다. 또한 명리학은 점술이 아닙니다. 귀신을 다루지도 않습니다. 명리는 무속과도 전혀 상관이 없으며 사람의 미래를 예언하지도 않습니다. DJ 래피의 활인 명리학은 그동안 여러분의 뇌리에 깊게 박힌 편견을 깨는 것부터 출발합니다.

　모든 일은 미리 준비되어 있으면 성공하고, 미리 준비되어 있지 않으면 실패합니다. 말은 먼저 정해져 있으면 엎어지지 않고, 일은 먼저 정해져 있으면 곤란해지지 않으며, 행동은 먼저 정해져 있으면 탈이 나지 않고, 길[道]은 먼저 정해져 있으면 궁해지지 않습니다.

> 凡事豫則立, 不豫則廢. 言前定則不跲, 事前定則不困, 行前定則不疚, 道前定則不窮.
> 범사예즉립, 불예즉폐. 언전정즉불겁, 사전정즉불곤, 행전정즉불구, 도전정즉불궁.

항상 중용을 지키려 노력하면서 미리미리 위태로울까 여기는 사람은 정신이 모이므로 당연히 평안케 되고, 무엇이든 소홀히 여기는 사람은 정신이 흩어지니 당연히 기울어짐을 알려주는 게 주역과 명리학입니다[危者使平 易者使傾, 위자사평 이자사경].

성대해지려고 할 때에 쇠락할 것을 염려하면 가득 차는 것을 예방하여 오래도록 지속 가능하도록 도모할 수 있습니다. 하지만 쇠락한 후에 경계하면 해결할 수 없습니다. 이것이 주역의 지택림 괘 '지우팔월 유흉', 즉 오래지 않아 양의 기운이 줄어든다는 말이 뜻하는 바입니다[至于八月有凶 消不久也, 지우팔월 유흉 소불구야].

평안할 때도 위험과 곤란이 닥칠 것을 생각하며 잊지 말고 미리 대비하고[居安思危, 거안사위], 좋아하고 즐거워함을 지나치지 않음이 어진 사람의 두려워하고 조심함입니다[好樂無荒 良士瞿瞿, 호락무황 양사구구].

그 옛날 남명 조식 선생께서 성성자[惺惺子, 깨달을 惺]라는 방울을 허리춤에 차고 다닌 것은 바로 이러한 이유였습니다. 실제 쇠 방울이 아니더라도 우리 각자가 눈에 보이지 않는 깨달음의 방울을 지니고 산다면 얼마나 멋지고 아름다운 세상이 될까요.

  오늘은 스스로 경계하고 꾸짖어서 공경하고 두려워하라는 남명 조식 선생의 말씀을 밥알처럼 곱씹으며 경계의 마음을 가지고 복작복작(福作福作), 복을 지으러 갑니다.

Don't forget

★ ＿＿＿＿＿＿＿＿＿＿＿＿＿＿＿＿＿＿＿＿＿＿＿＿＿＿＿＿＿＿＿＿
★ ＿＿＿＿＿＿＿＿＿＿＿＿＿＿＿＿＿＿＿＿＿＿＿＿＿＿＿＿＿＿＿＿
★ ＿＿＿＿＿＿＿＿＿＿＿＿＿＿＿＿＿＿＿＿＿＿＿＿＿＿＿＿＿＿＿＿
★ ＿＿＿＿＿＿＿＿＿＿＿＿＿＿＿＿＿＿＿＿＿＿＿＿＿＿＿＿＿＿＿＿

야율초재에게 한 수 배웁니다 :

사필따와 나미차

 '사필따'보다 더 중요한 건, '나미차 안 하기'입니다. 나미차 금지!

'말'이 사람을 살립니다. 그런데 그 말이 칼이 될 수도 있습니다. 그래서 말에 대한 기준을 세워야 합니다. 바로 '사필따'입니다.

사필따 법칙이란?

사 - 사랑스러운 말만 하기
필 - 필요한 말만 하기
따 - 따뜻한 말만 하기

우리는 살면서 수많은 말을 주고받습니다. 그런데 그 말들이 정말 '사랑스럽고', '필요하고', '따뜻한' 말일까요? 사필따는 단순한 말의 법칙이 아닙니다. 그것은 결국, 사람을 살리는 말에 대한 기준입니다. 말은 마음을 움직이고, 마음은 행동을 만들며, 행동은 운명을 결정합니다. 그러니 말을 바꾸는 건 곧 인생을 바꾸는 일입니다.

그런데 이 사필따보다 더 중요한 것이 있습니다. 바로 '나미차 금지'입니다.

나미차 금지란?

나 - 나쁜 말 금지
미 - 미운 말 금지
차 - 차가운 말 금지

사필따가 좋은 말을 하자는 '추가'의 개념이라면, 나미차는 해로운 말을 '차단'하는 개념입니다. '더하는 것보다 덜어내는 것'의 힘을 이야기합니다. 한 마디 나쁜 말은 하루를 망치고, 한 마디 미운 말은 관계를 망가뜨리며, 한 마디 차가운 말은 마음을 얼게 만듭니다. 그래서 강조합니다. 하지 마라. 끊어내라. 버려라. 사람의 언어 습관은 운명을 좌우합니다.

"하나의 이익을 얻는 것이 하나의 해를 제거함만 못하고, 하나의 일을 만드는 것이 하나의 일을 없애는 것만 못하다[興一利不若除一害 生一事不若滅一事, 여일리불약제일해 생일사불약멸일사]."

―야율초재

이 말은 단순히 정치나 경영의 원칙을 말하는 것이 아닙니다. 우리 일상의 말, 관계, 감정에도 그대로 적용됩니다.

"몸에 좋다는 음식 하나 더 먹는 것은, 몸에 해로운 음식 하나 덜 먹는 것만 못하다. 중요한 건 끊어내는 것이다."

"하나의 보약을 먹는 것이, 하나의 독약을 제거함만 못하다. 중요한 건 끊어내는 것이다."

"사람 한 명 사귀는 것보다, 내게 해로운 사람 하나 버리는 것만 못하다. 중요한 건 끊어내는 것이다."

"말 한마디 더 하는 것보다, 나쁜 말, 미운 말, 차가운 말 한마디 덜 하는 게 좋다. 중요한 건 끊어내는 것이다."

늘 더하려고만 하지 마십시오. 채우기보다 비우는 지혜가 더 클 때가 많습니다. 좋은 말을 하려 애쓰기 전에, 해로운 말부터 끊어내는 연습을 시작하십시오. 그게 진짜 말 공부, 진짜 인생 공부의 시작입니다.

그리고 그 끊어냄은, 바로 사람을 살리는 말의 시작입니다. '말이 운을 만든다'는 걸 기억하십시오. 나쁜 말 하나 줄이는 순간, 당신의 온도 한 걸음 더 맑아집니다. 그러니 다시 한번 외칩시다. 나미차 금지! 지금 당장. 여기서부터.

Don´t forget

★
★
★
★

49

도(道)에게서 한 수 배웁니다 :

조문도 석사가의(朝聞道 夕死可矣)

 사람은 누구나 자신만의 도(道)를 찾고자 합니다. 그런데 그 도란 과연 무엇이기에, 공자는 '조문도 석사가의(朝聞道 夕死可矣)', 즉 '아침에 도를 들으면 저녁에 죽어도 좋다'고까지 말했을까요?

이 구절은 자못 강렬합니다. 얼핏 들으면 죽음마저 초월하는 절대적인 진리나 깨달음에 관한 선언으로 읽힙니다. 실제로 많은 사람들은 이 문장을 '궁극의 진리를 깨닫는다면 삶과 죽음을 가릴 필요도 없다'는 철학적이고 종교적인 의미로 해석해 왔습니다. 그러나 우리가 진정 주목해야 하는 지점은 따로 있습니다. 이 말을 통해 공자가 우리에게 던지는 진정한 메시지는, 여한(餘恨) 없이 산다는 것의 소중함입니다.

공자는 살아생전에 이상적인 정치를 펼치지 못했고, 춘추 전국의 혼란한 시대를 바로잡지도 못했습니다. 그는 때론 권력자에게 외면

당했고, 현실에서는 실패자처럼 비치기도 했습니다. 그럼에도 그는 죽음을 두려워하지 않았습니다. 그 이유는 간단합니다. 공자는 평생을 바쳐 자신이 믿는 도를 찾았고, 그것을 진정으로 깨달았다고 믿었기 때문입니다. 그는 세속의 성공과 무관하게 자신의 삶에 어떤 후회도 남기지 않았습니다. 바로 이것이 공자가 이 문장으로 우리에게 남기고자 했던 진정한 유산입니다.

오늘날의 우리는 어떤가요? 성공과 실패를 뚜렷하게 구분 짓는 기준들로 가득 차 있습니다. SNS에서는 수많은 '좋아요'가 삶의 가치를 평가하고, 우리는 끊임없이 다른 사람과 자신을 비교하며 마음 깊은 곳에 허기를 채우지 못한 채 살아갑니다. 직장에서의 승진이나 연봉, 타인의 시선 속에서만 살아가는 우리에게 삶은 점점 여한이 쌓이는 일이 되어가고 있습니다.

우리는 각자의 삶이라는 무대 위에서 무엇을 위해 춤추고 있습니까? 회사에서의 인정, 사회적 지위, 남들의 부러움을 사기 위한 것이 전부라면, 우리 삶은 그저 허망한 박수소리와 함께 지나갈지도 모릅니다. 그렇게 살아가는 삶은 늘 불안하고 공허하기 마련입니다. 하지만 단 하루라도 진정으로 나 자신을 위한 춤을 출 수 있다면, 그 하루는 평생의 여한을 없앨 수 있는 날이 될 것입니다.

장자에는 이런 말이 나옵니다.

"세상 사람들은 모두 유용함을 추구하지만, 쓸모없음 속에 진정한 자유가 있다."

남의 기준에서 벗어나 나만의 가치를 찾을 때 비로소 우리는 진정 자유로운 삶을 살게 됩니다. 때론 세상의 기준으로 보면 실패한 것처럼 보일 수도 있습니다. 그러나 그 실패가 나의 도에 충실했다면, 그것은 실패가 아니라 참된 삶입니다.

아침에 내 안의 진정한 도를 발견했다면, 저녁에 죽음을 맞이하더라도 후회가 없다는 공자의 말처럼, 우리도 그렇게 살 수 있기를 바랍니다. 삶이란 결국 누군가의 평가를 받기 위한 것이 아니라, 나 스스로와 마주하며 여한을 남기지 않는 과정이기 때문입니다.

타인의 기준으로부터 자유로워질 때, 비로소 우리는 진정한 삶의 주인이 됩니다. 이것이 바로 공자가 말한 '조문도 석사가의'가 현대의 우리에게 전하는 참된 지혜입니다.

Don't forget

★ _____
★ _____
★ _____

50

관상에서 한 수 배웁니다 :

삼상(三相) 업그레이드하기

 관상(觀相)에서 가장 중요한 것은 생김새가 아닙니다. 관상의 핵심은 바로 언상(言相), 안상(眼相), 성상(聲相), 이 세 가지입니다. 이는 우리가 외모를 넘어 사람으로서의 품격과 매력을 어떻게 표현하고 발전시킬 수 있는지를 보여주는 가장 중요한 요소입니다.

첫째, 언상(言相) 말투가 사람을 만든다

말은 그 사람의 내면을 가장 쉽게 드러내는 도구입니다. 품격 있는 말투, 긍정적이고 진실한 표현은 상대방의 마음을 여는 열쇠가 됩니다. 언상(言相)은 단순히 '어떻게 말하는가'를 넘어 '어떤 생각을 담아 말하는가'를 포함합니다. 아무리 잘생긴 사람이라도 말투가 거칠고 부정적이라면 매력을 잃기 쉽습니다. 반면, 차분하고 따뜻한 말투는 외모를 넘어 상대방에게 깊은 인상을 남깁니다.

둘째, 안상(眼相) 눈빛에 담긴 마음의 거울

눈빛은 마음의 창입니다. 사람의 눈(眼)은 단순히 보는 기능을 넘어 상대에게 깊은 신뢰와 감동을 전달하는 통로입니다. 진실한 눈빛은 아무리 외모가 평범해도 사람들에게 호감을 줍니다. 안상(眼相)을 개선하려면 내면의 태도를 바꾸는 것이 우선입니다. 진심으로 상대를 이해하려는 노력과 긍정적인 사고방식을 가지면, 그 진정성이 눈빛에 자연스럽게 스며듭니다.

셋째, 성상(聲相) 목소리는 신뢰의 음악

목소리(聲)는 단순한 음색을 넘어 그 사람의 감정을 가장 생생히 전달하는 도구입니다. 자신감 있는 목소리, 적절한 속도와 명확한 발음은 듣는 사람에게 신뢰를 심어줍니다. 성상(聲相)을 가꾸기 위해서는 내면의 안정과 평화가 뒷받침되어야 합니다. 목소리는 우리의 태도와 감정을 솔직히 드러내기 때문입니다.

내면을 가꾸는 것이 곧 최고의 관상(觀相)이다.

외모는 시간이 지나면 자연스럽게 변하지만, 언상(言相), 안상(眼相), 성상(聲相)은 우리의 의지와 노력으로 끊임없이 가꿀 수 있는 요소입니다. 말과 눈빛, 목소리는 외모를 넘어 우리의 가치를 증명하는 도구입니다.

타고난 생김새를 바꿀 수는 없지만, 언상(言相), 안상(眼相), 성상

(聲相)을 통해 더 나은 사람으로 성장할 수 있습니다. 결국, 진정한 관상(觀相)은 내면에서 시작됩니다. 그리고 그 내면은 우리 모두가 노력으로 변화시킬 수 있는 영역입니다.

Don´t forget

51

저장 버튼에서 한 수 배웁니다 :

다른 이름으로 저장

 완벽의 벽(璧)은 옥구슬을 말합니다. 흠 없이 완전한 옥구슬 찾기는 쉽지 않습니다. 그런데, '나는 언제나 옳고, 완벽하다'라는 무의식이 기본값으로 장착된 존재가 사람입니다. 아이러니죠. 그래서 오늘도 마음에 겸손을 저장하며 읊조립니다. '나는 완벽하지 않다, 내가 틀릴 수도 있다.'

사전에서 '욱'을 찾아봅니다. 앞뒤를 헤아림 없이 격한 마음이 불끈 일어나는 모양이라고 되어있네요. 아하, 성내기 전에 앞뒤를 헤아릴 줄 안다면 그야말로 군자라 할만하겠습니다. 물론 쉽지 않습니다. 하여 이런 방법을 고안해 봅니다.

"욱하고 화가 치밀어오를 때 성급하게 화(火)를 저장하지 말고, 다른 이름으로 저장해보면 어떨까? 화(火)를 화(花)로 저장해보는 거야!"

컴퓨터에는 '저장' 버튼이 있고, '다른 이름으로 저장' 버튼도 있습니다. 우리 삶에 뭔가 나타나 '훅!' 치고 들어올 때 바로 '욱!' 하지 말고 다른 이름으로 저장해보세요. 화(火)를 화(花)로 저장해보니 꽃 같은 마음이 듭니다. 성내고 씩씩대려던 마음이 꽃처럼 싹싹해집니다.

모욕을 당했다며 격분하는 친구가 있다면 다른 이름으로 저장해보라고 일러주세요. 예컨대, 모욕을 목욕으로 저장해봅니다. 뜨끈한 물에 목욕이나 하며 콧노래를 부르는 겁니다. 그런데, 그렇게 곰곰이 생각하다 보면 모욕이 모욕이 아닌 경우도 많습니다. 별일이 별일이 아닌 경우가 허다합니다. 인간의 삶이란 오해의 연속입니다. 오해는 견디는 게 아니라 끌어안는 것일지도 모릅니다.

말은 파동입니다. 파동이란, 파도와 같은 거지요. 원치 않는 파도가 몰려온다 싶으면 성내며 파도에 잠기지 말고 그냥 바다에서 나오면 그만입니다. 잊지 마십시오. 우리에겐 '저장' 버튼도 있고, '다른 이름으로 저장' 버튼도 있습니다. 어떤 버튼을 누를지는 우리의 선택에 달려 있습니다.

화가 '풀리'면 인생도 '풀립'니다.

Don't forget

★ _____
★ _____
★ _____

허태유 법칙에서 한 수 배웁니다 :

무병의 지혜

허심탄회(虛心坦懷) : 마음을 비우고 너그럽게 품음.
태연자약(泰然自若) : 동요하지 않고 천연스러움.
유유자적(悠悠自適) : 속박됨이 없이 마음 편히 지냄.

이 세 가지는 단순한 사자성어가 아닙니다. 인간관계와 내면 수양의 정수를 담고 있는 삶의 태도입니다. 마음을 텅 비우되 공허함이 아닌 포용의 그릇으로, 태연함을 가장하되 무관심이 아닌 깊은 이해로, 자적함을 추구하되 나태가 아닌 주체적인 자유로 구현해야 합니다.

마음이 한가롭고 욕심이 적어 싸우지 않으며 무리하지 않는다면, 우리 삶은 훨씬 가볍고 평온해질 수 있습니다. 스트레스란 외부에서 온 것이 아니라, 내면에서 해석하는 방식에서 비롯됩니다. 어떤 상황이 발생했느냐보다, 그 상황을 내가 어떻게 받아들이고, 어떤 감정으로 해석하느냐에 따라 결과는 전혀 다른 방향으로 흐릅니다.

바람이 불어도 쓰러지지 않는 나무는, 줄기를 단단히 세운 나무가 아니라 유연하게 흔들리는 나무입니다. 삶 또한 그렇습니다. 부는 바람을 피하려 하지 말고, 그 흐름 속에 나를 맡기되 중심은 잃지 않는 태도. 그것이 곧 무병(無病)의 지혜이자 만병(萬病)의 예방입니다.

음양의 법, 이것은 주역의 근본 원리이자 우주의 질서를 설명하는 방식입니다. 밝음과 어둠, 동(動)과 정(靜), 강함과 부드러움이 서로를 보완하고 조화롭게 순환하는 이치. 주역은 늘 이렇게 말합니다. 조화가 곧 길(吉)이고, 극단은 흉(凶)이라. 이 균형의 감각을 잃지 않는 것이 사람의 도(道)입니다.

명리학의 핵심 또한 여기서 비롯됩니다. 함부로 먹지 않고, 함부로 말하지 않음은 단순한 생활 습관이 아니라, 운명을 관리하는 태도입니다. 명리학에서 '명(命)'이란 글자를 보면, 입 구(口)와 하여금 령(令)으로 이루어졌습니다. 이는 '입으로 인해 운명이 정해진다', 다시 말해 말과 음식이 사람의 길흉화복을 결정짓는다는 깊은 통찰을 담고 있습니다.

날마다 좋은 말을 하고, 좋은 기운을 품으며, 타인과 나 자신을 상처 주지 않는 언어를 선택하십시오. 험한 말은 자신에게 먼저 흉한 기운을 끌어오고, 결국엔 주변을 병들게 만듭니다. 말이 바뀌면 생각이 바뀌고, 생각이 바뀌면 운명이 바뀝니다.

미워하는 사람을 가지지 마십시오. 사랑하는 사람은 만나지 못해서 괴롭지만, 미워하는 사람은 어쩌다 마주치기만 해도 마음이 어두워집니다. 사랑은 그리움으로 남을 수 있지만, 미움은 독처럼 자신을 갉아먹습니다. 스스로 미워하는 사람을 만드는 순간, 그 사람의 그림자가 내 일상 곳곳에 드리워집니다.

세상에는 마음대로 되지 않는 일이 참 많습니다. 아니, 어쩌면 대부분이 그렇습니다. 애써 준비한 일이 실패하고, 정성을 들인 사람이 멀어지며, 진심으로 바란 꿈은 엇나가기도 하지요. 하지만 그 가운데에서도 가끔, 아주 가끔은 작고도 선명한 성공이 찾아옵니다. 그것이 우리의 삶을 계속 걷게 하는 이유이고, 우리 존재의 온전한 보상입니다.

Don´t forget

★
★
★
★

구슬에게 한 수 배웁니다:

구슬을 서 말이나 모았다고요?

'구슬이 서 말이라도 꿰어야 보배다.' 이 말을 들을 때마다 마음이 뜨끔해집니다. 나는 구슬을 모으는 데만 열중하고 있지는 않았는가? 모으는 데 정신이 팔려 정작 꿰는 일을 게을리한 건 아닌가 하는 자문이 듭니다.

구슬은 귀하고 아름답습니다. 그 반짝임에 끌려 사람들은 구슬을 하나둘 모읍니다. 책을 읽고, 경험을 쌓고, 좋은 생각을 마음속에 저장하는 일. 그것도 모두 각양각색의 구슬을 모으는 일과 다르지 않습니다. 어떤 구슬은 맑고 투명하여 진리를 닮았고, 어떤 구슬은 푸르러 감정을 어루만지며, 또 어떤 구슬은 거칠고 투박해도 삶의 이치를 담고 있습니다.

하지만 아무리 좋은 구슬이라도, 아무리 많이 모았다 하더라도 꿰지 않으면 그저 흩어진 조각에 불과합니다. 눈으로 보고 손으로 만질 수는 있지만, 그것이 보배가 되지는 않습니다. 구슬이 보배가 되는 길은 오직 '꿰는 일'에 있습니다.

실을 구해야 합니다. 튼튼하고 질긴 실이어야 합니다. 얇고 쉽게 끊어지는 실로 꿰면, 아무리 정성스럽게 꿰어도 금세 풀어지고 맙니다. 삶의 실, 곧 실천이라는 실이 그렇습니다. 우리의 생각, 지식, 경험을 엮어내는 힘은 실천에 있습니다. 지식은 앎으로 멈추지 않아야 하고, 경험은 축적으로만 그쳐선 안 됩니다. 그 모든 것을 꿰어 삶으로 이어내는 '행(動)'이 있어야 합니다. 그래야 비로소 보배가 됩니다.

고전의 가르침은 이를 더 깊이 있게 말해줍니다.

非知之難 行知惟難
비지지난 행지유난

"아는 것이 어려운 것이 아니라, 아는 것을 실행하는 것이 어려울 뿐이다."

듣기만 해도 고개가 끄덕여지는 말입니다. 우리는 얼마나 많은 것을 알고 있습니까? 책 속에서, 강의에서, 타인의 조언에서, 또는 과거의 실수에서. 우리는 이미 충분히 알고 있습니다. 구슬은 충분합니다. 문제는 늘 실입니다. 어떻게 꿸 것인가. 그리고 어떻게 계속 꿰어나갈 것인가.

또 이런 말도 있습니다.

非行之難 終之斯難
비행지난 종지사난

"행동하는 것이 어려운 것이 아니라, 끝까지 행동을 지속하는 것이 어렵다."

처음 마음먹고 움직이기는 어렵지 않습니다. 신년이면 계획을 세우고, 새로운 계절이면 도전을 하기도 합니다. 그러나 그 마음을 유지하며 끝까지 나아가는 일은 다른 차원의 힘을 요구합니다. 그게 바로 '지속의 실'입니다. 구슬을 꿰되, 끊어지지 않도록 이어가는 실천 말입니다.

세 번째로는 더 강한 일침이 있습니다.

雖三歲童子識之 八十老翁猶難行
수삼세동자식지 팔십노옹유난행

"비록 세 살 먹은 아이도 알 수 있는 일이지만, 여든 먹은 노인도 행하기는 어렵다."

진리는 단순합니다. 그래서 오히려 실천이 더 어렵습니다. 누구나 '좋은 말'은 압니다. 나쁜 습관을 고쳐야 하고, 성실하게 살아야 하며, 사랑하고 베풀어야 한다는 것을 모르는 사람은 없습니다. 문제는 '알지만 하지 않는다는 것'입니다. 또는 '해도 금방 그만두어

버린다는 것'입니다.

여기에서 다시 구슬 이야기를 떠올립니다. 우리는 구슬을 모으느라 분주합니다. 세상의 모든 좋은 말, 좋은 정보, 좋은 콘텐츠를 담기 위해 바쁩니다. 하지만 그 구슬들은 아직 보배가 아닙니다. 그 구슬을 꿰는 일. 즉 내가 그것을 '행동'으로 바꾸고, 삶 속에 통합시켜야만 진짜 보배가 됩니다.

그러니 묻고 싶습니다. 당신은 지금 어떤 실을 준비하고 있습니까? 이미 모아둔 구슬이 있다면, 이제 꿰어야 할 시간입니다. 그 실은 나의 작은 실천, 꾸준한 반복, 그리고 한결같은 자세일 것입니다. 때로는 지루할 수도 있고, 실이 끊어질 수도 있겠지요. 그렇다면 다시 실을 이어 꿰는 법을 배워야 합니다.

구슬에게 배웁니다. 어떻게 아름다움이 완성되는지를. 어떻게 흩어진 지식이 하나의 길이 되는지를. 어떻게 앎이 삶으로 연결되는지를.

오늘도 나는 내 삶의 구슬을 하나씩 꿰어 갑니다. 언젠가 그것이 반짝이는 보배가 되어, 누군가의 삶을 밝혀줄 수 있기를 바라면서.

Don't forget

★ _____
★ _____
★ _____
★ _____

54

치(治)의 뜻에서 한 수 배웁니다 :

흐름을 다스려라.

 사람이 살아간다는 것은 자연과 끊임없이 싸우면서도, 동시에 자연과 조화를 이루어야 하는 과정입니다. 인간은 물을 길들이고, 바람을 예측하며, 땅을 다스려 농사를 지어왔습니다. 이러한 역사적 경험이 축적되면서, 우리는 "다스린다."는 개념을 깊이 이해하게 되었습니다.

고대 중국에서부터 한반도까지, 벼농사는 국가의 기반이었습니다. 그러나 벼농사를 짓기 위해서는 반드시 강과 싸워야 했습니다. 물이 너무 많으면 홍수가 나고, 너무 적으면 가뭄이 들었습니다. 그래서 사람들은 물길을 만들고 둑을 쌓으며, 물을 다스리는 법을 배웠습니다. 그 과정에서 "治(치)"라는 글자가 탄생했습니다. "治"는 물 수(水)와 기쁠 이(以+口)로 이루어져 있습니다. 즉, 물을 잘 다스릴 수 있을 때 비로소 기쁨이 찾아온다는 뜻입니다.

인간이 살아가는 과정에서 가장 다루기 어려운 것은 자연만이 아닙니다. 우리의 감정, 욕망, 그리고 인간관계 또한 마치 홍수처럼 때로는 넘쳐흐르고, 때로는 가뭄처럼 말라버립니다. 우리는 일상의 강을 건너며 수많은 감정과 싸워야 합니다. 분노, 불안, 우울함, 그리고 막연한 공허함이 마음속에서 출렁입니다. 이러한 감정의 흐름을 다스리는 것이야말로 곧 "治"의 의미와 다를 바 없습니다.

정신적 홍수는 불안과 스트레스를 동반합니다. 일은 끝이 없고, 휴식은 사치처럼 느껴지며, 관계는 때때로 우리를 지치게 만듭니다. 하지만 중요한 것은, 물을 다스리듯 마음도 다스릴 수 있다는 사실입니다. 고대의 현자들은 "洪水猛獸(홍수맹수)"라 하여, 홍수와 맹수가 인간을 위협하는 가장 두려운 존재라고 했습니다. 그러나 홍수를 이겨내는 법을 배우고, 맹수를 길들이는 방법을 알게 되면, 공포는 더 이상 우리를 지배할 수 없습니다.

삶의 물길을 다스리는 것은 절대 쉽지 않습니다. 하지만 작은 둑을 쌓고, 물길을 조절하며, 때로는 흐름을 받아들이는 것이 필요합니다. 강을 거스르는 것만이 답이 아닙니다. 물이 흐르는 방향을 이해하고, 그 흐름 속에서 우리가 할 수 있는 일을 찾는 것이 중요합니다.

고전에서는 군자의 삶을 물에 비유하곤 했습니다. 노자는 "上善若水(상선약수)"라 하여, 최고의 선함은 물과 같다고 말했습니다. 물은 낮은 곳으로 흐르지만, 그 흐름 속에서 만물을 키우고 길러냅니다. 유연하면서도 단단하고, 겸손하면서도 강인합니다. 물을 다스리는 것은 곧 자신의 삶을 다스리는 것입니다.

이제 우리는 물길을 다스리는 방법을 배워야 합니다. 감정을 억누르거나 무조건 거부하는 것이 아니라, 그 흐름을 이해하고 조절하는 것입니다. 불안할 때는 강이 넘치는 이유를 살피고, 공허할 때는 스스로에게 필요한 물을 채워주는 것이 필요합니다.

우리는 모두 인생이라는 강 위에서 배를 타고 있는 존재입니다. 강은 때로는 거칠고, 때로는 잔잔합니다. 하지만 물을 다스리는 법을 아는 사람은 결국 목적지에 도착할 수 있습니다. 삶이 흔들릴 때마다 물을 다스리는 지혜를 떠올려야 합니다. 세상을 다스리는 것보다 더 중요한 것은, 자기 자신을 다스리는 것이기 때문입니다.

Don´t forget

★
★
★
★

55

운(運)에게서 한 수 배웁니다 :

운을 끌어당기는 세 가지 마음

 우리는 흔히 말합니다. "저 사람은 참 운이 좋아." 혹은 "나는 왜 이렇게 운이 없을까."

운(運)은 마치 보이지 않는 기류처럼 우리의 삶을 이끌고, 때로는 예기치 못한 선물처럼 다가오기도 하고, 때로는 시련처럼 느껴지기도 합니다. 하지만 과연 운이란 단순히 하늘이 정해주는 우연의 연속일까요?

그렇지 않습니다. 운은 정적인 것이 아니라 흐르는 것입니다. 한자로 운(運)은 '옮기다', '이동하다'는 뜻을 포함하고 있습니다. 다시 말해, 운은 고정된 무엇이 아니라, 움직이는 기운입니다. 따라서 우리가 어떤 마음으로 살아가느냐에 따라 운도 따라 움직입니다. 운을 맞이하는 태도, 운을 끌어당기는 마음이 중요한 이유가 바로 여기에 있습니다.

이런 맥락에서 '운끌 삼심(運끌三心)'을 이야기해 보고자 합니다.

운을 끌어당기는 세 가지 마음, 그것은 향상심, 호기심, 인내심입니다. 이 세 가지 마음은 마치 자석처럼 운을 끌어당기는 중심축이며, 결국 운을 바꾸는 실질적인 내면의 힘입니다.

향상심—더 나은 사람이 되고픈 마음

향상심은 자기 안에 잠재된 가능성을 스스로 믿고, 지금보다 더 나아지려는 마음입니다. 이 마음이 있는 사람은 고여 있지 않습니다. 오늘보다 나은 내일을 꿈꾸며, 배움과 변화를 두려워하지 않습니다. 운은 정체해 있는 사람보다 움직이는 사람에게 기회를 줍니다.

더 나아지고자 하는 사람에게는 자연스레 좋은 인연이 따라옵니다. 좋은 인연은 내 안에 있는 줄도 몰랐던 긍정적인 가능성들을 자극하며 깨웁니다. "이 사람을 만나고 나서 삶이 바뀌었다."는 말의 배경에는 늘 향상심이 있습니다. 그 인연은 나를 우상향하게 이끕니다.

운이 좋아진다는 것은 결국 나 자신이 이전보다 나아졌다는 뜻이며, 향상심은 그 변화의 시발점이 됩니다.

호기심—알고 싶은 마음

호기심은 세상에 대한 열린 태도입니다. 호기심이 있는 사람은 정해진 답에만 안주하지 않고, 끊임없이 질문을 던지고 새로운 것을 받아들입니다. 호기심은 새로운 가능성을 여는 열쇠입니다.

이 세상에 운이라는 이름으로 포장된 기회들은 대부분 호기심을 따라 움직입니다. 새로운 사람을 만나고, 새로운 책을 펼치고, 익숙하지 않은 길로 들어설 수 있는 용기. 이런 작은 모험들이 결국 인생의 궤적을 바꿉니다. 호기심이 있는 사람은 늘 '움직이고' 있으며, 움직이는 사람에게 운은 더 잘 보입니다.

또한 호기심은 배움과 연결되어 있습니다. 내가 몰랐던 세계를 알고 싶어 하는 마음, 그것이 곧 성장의 시작입니다. 정체된 운명을 바꾸고 싶은가요? 그렇다면 먼저 물어보아야 합니다. "나는 지금 무엇을 알고 싶어 하는가?" 호기심은 운명의 문의 손잡이입니다.

인내심—참고 버티는 마음

향상심과 호기심이 운을 끌어들이는 추진력이라면, 인내심은 그것을 지켜내는 근력입니다. 어떤 운도 쉽게 열리지 않습니다. 모든 꽃에는 씨앗이 필요한 것처럼, 운이라는 꽃도 시간을 필요로 합니다.

사람들은 종종 기회가 없는 것이 아니라, 기회를 기다리지 못해 포기합니다. 인내심은 기다리는 것만이 아니라, 기다리는 동안 스스로 다듬는 과정이기도 합니다. 아무것도 일어나지 않는 것 같은 정적 속에서도 마음을 놓지 않는 사람, 고요 속에서도 차근차근 자신을 가꾸는 사람, 그 사람이 결국 운을 맞이할 준비가 되어있는 사람입니다.

인내심은 외롭습니다. 하지만 그 외로움을 견디고 버티는 동안 우리는 조금씩 단단해집니다. 마치 긴 겨울을 지나 피어나는 봄꽃처럼, 인내의 시간은 무의미한 것이 아니라, 운명을 꽃피우기 위한 과정입니다.

사람이 운이다―인연이 곧 운명이다.

　우리는 살아가면서 수많은 사람을 만나고 헤어집니다. 그런데 가만히 돌아보면, 내 삶의 중요한 전환점에는 늘 한 사람이 있었습니다. 좋은 인연은 내 안의 향상심을 자극하고, 함께 성장하는 길로 이끌어 줍니다. 그런 사람을 만나면, 우리는 놀라울 정도로 부드럽게 변화할 수 있습니다.

　반면, 나쁜 인연은 나도 모르게 무기력해지고, 방어적이며, 스스로 부정하게 만듭니다. 말 한마디가 독처럼 퍼지고, 나도 몰랐던 내 안의 어두운 면들이 자꾸만 고개를 들게 됩니다. 가랑비에 옷 젖듯, 그런 인연은 슬그머니 우리의 운을 뒤틀리게 만듭니다.

　그래서 결국 행운도, 불운도 사람으로부터 옵니다. 사람은 곧 인연이고, 인연은 곧 운명입니다. 어떤 사람과 함께하느냐가 곧 어떤 운명을 살아가느냐를 결정합니다. 그렇기에 우리는 늘 깨어 있어야 합니다. 나를 좋은 방향으로 이끄는 사람, 내 안의 좋은 면을 자극하는 사람과 가까이하려는 노력이 필요합니다.

운은 나에게서 오고, 사람을 통해 흐르며, 마음으로 이끌어진다.

　운끌 삼심은 결국 마음의 방향에 관한 이야기입니다. 더 나은 내가 되고 싶다는 향상심, 세상을 알고 싶다는 호기심, 묵묵히 견뎌내는 인내심. 이 세 가지가 있을 때, 운은 결코 먼 곳에 있지 않습니다. 바로 내 안에서 피어나기 시작합니다. 오늘 하루, 내 안의 향상심을 깨우고, 세상을 향한 호기심을 활짝 열며, 지금의 시간을 인내심으로 채워보십시오. 그 순간, 운은 어느새 당신 곁에 다가와 있을 것입니다.

Don't forget

★
★
★
★

삼간에서 한 수 배웁니다 :

시간, 인간, 공간

 '지팔지꼰'이라는 말이 있습니다. 자기 팔자는 자기가 꼰다는 뜻입니다. 처음에는 단순했던 문제가, 본인이 만든 선택과 반응 때문에 점점 더 복잡하게 꼬이게 됩니다. 살다 보면 누구나 인생이 꼬였다고 느끼는 순간이 옵니다. 그럴 때 가장 중요한 것은 '얼른 푸는 것'입니다. 한 번 꼬인 것을 제때 풀지 않으면, 그다음은 더 엉키기만 할 뿐입니다. 마치 이어폰 줄처럼, 한 번 꼬이기 시작하면 점점 더 엉망이 되듯 말입니다.

꼬인 팔자를 푸는 가장 강력한 도구는 책입니다. 수많은 책 가운데서도, '주역'은 단연 으뜸입니다. 고전 중의 고전이며, 그 자체가 인생의 사용 설명서와도 같습니다. 오죽했으면 '바꿀 역(易)'이라는 이름이 붙었겠습니까. 주역은 근본적으로 '변화'와 '전환'을 다루는 책입니다. 팔자가 꼬였다는 것은 현재의 흐름이나 구조가 잘못되었다는 뜻이고, 그렇다면 가장 먼저 할 일은 바로 '바꾸는 것'입니다.

그대로 두면 팔자는 절대 풀리지 않습니다. 변화를 시도하지 않으면 상황은 더욱 악화합니다. 주역은 바로 그 '변화의 타이밍'을 알려주는 책입니다. 언제 멈추고, 언제 나아가며, 어떤 방향으로 태도를 바꿔야 하는지를 조목조목 짚어줍니다. 주역에 적힌 글대로, 주역이 제시하는 흐름대로만 따라가면 막힌 운도 서서히 열리게 되어있습니다. 문제는 대부분의 사람이 주역을 '읽지 않거나', 혹은 '읽더라도 실천하지 않기 때문'에 여전히 같은 자리에 머무는 것입니다.

주역은 단순한 점술서가 아닙니다. 삶의 구조와 흐름을 읽는 고전적 지혜의 보고입니다. 그 핵심은 '삼간(三間)'을 어떻게 다루느냐에 있습니다. 삼간이란 공간(空間), 인간(人間), 시간(時間)을 뜻합니다. 이 세 가지가 우리의 삶을 구성하고, 동시에 꼬이게도 하고 풀리게도 합니다. 천지인(天地人)의 원리가 바로 여기에 숨어 있습니다. 결국 운명을 바꾸려면 이 세 간격을 새롭게 다뤄야 합니다. 공간을 달리하고, 인간을 달리하고, 시간을 달리해야 합니다.

공간이란, 늘 가는 곳입니다. 같은 공간에서 같은 자극만 받고 있으면 사고의 구조가 고정되고, 선택지도 변하지 않습니다. 익숙한 카페, 익숙한 방, 익숙한 거리에서 벗어나 보십시오. 익숙함은 편안하지만, 성장을 방해합니다. 인간이란, 늘 만나는 사람들입니다. 같은 사람들과 같은 대화만 나누다 보면 생각도 비슷해지고 행동도 예측 가능해집니다. 새로운 사람, 새로운 관계는 새로운 가능성을 데려옵니다. 시간 또한 마찬가지입니다. 늘 쓰는 시간의 방식에서 벗어나 하루 중 가장 예민한 시간을 '자기 자신'에게 써보십시오.

시간 배분을 다르게 하면 삶의 리듬이 달라지고, 결국 운도 달라집니다.

이처럼 삼간은 단순한 물리적 개념이 아닙니다. 나의 습관, 감정, 관계, 태도를 구성하는 구조입니다. 이 삼간을 다루는 방식이야말로 팔자를 풀어내는 열쇠이며, 주역은 그 방식을 수천 년 전부터 명확하게 안내하고 있었습니다. 어떤 상황을 만나면 어떻게 대처하라, 어떤 사람을 만나면 어떤 자세를 취하라, 어떤 때에 움직이고 어떤 때에는 멈추어야 하는지를 친절하게 알려주는 지침서입니다.

그럼에도 많은 사람은 여전히 주역을 어렵다고 느끼고, 멀게만 여깁니다. 하지만 알고 보면 주역은 현실과 매우 밀접합니다. 인간관계에서 고민이 생겼을 때, 중요한 결정을 앞두고 망설일 때, 주역의 문장을 읽어보면 이상하리만큼 현재 상황과 맞아떨어지는 통찰을 얻게 됩니다. 이것이 바로 고전의 힘이며, 변화의 도구로서 주역이 여전히 유효한 이유입니다.

흔히 말합니다. "등잔 밑이 어둡다."고. 가장 중요한 것이 가장 가까이에 있는데도 우리는 멀리서만 답을 찾으려 합니다. 고전은 어렵고 멀게 느껴질지 몰라도, 오히려 삶의 문제를 가장 현실적으로 다루고 있는 텍스트입니다. 그리고 주역은 그 중심에 있는 지혜입니다. 만약 지금 당신의 인생이 어딘가 엉켜 있다면, 방향을 잃었다면, 또는 같은 문제를 반복하고 있다면, 먼저 이 세 가지를 점검해 보십시오. 내가 늘 가는 공간, 늘 만나는 사람, 늘 반복하는 시간의 쓰임은 과연 바뀌었는가. 변화를 원하면서도 정작 삶의 구조는 그대로 두고 있지는 않은가.

삼간을 달리해야 인생이 달라집니다. 생각을 바꾸려면 환경부터 바꾸어야 하고, 운명을 바꾸려면 먼저 몸을 움직여야 합니다. 꼬인 팔자는 스스로 푸는 것입니다. 그리고 주역은 그것을 가장 효과적으로 도와주는 안내서입니다. 결국, 당신이 먼저 움직일 때 팔자는 비로소 바뀌기 시작합니다.

Don´t forget

★ _____
★ _____
★ _____
★ _____

57

이소룡한테 한 수 배웁니다 :

Be water, my friend

 이소룡은 "Be water, my friend(물이 되어라, 친구여)."라는 말을 했습니다. 이 구절은 1971년 피에르 베르톤과의 인터뷰에서 처음 언급되었습니다. 이소룡은 이 말을 통해 자신의 철학을 표현했는데, 그 전체적인 내용은 다음과 같습니다.

> "마음을 비우고 무형태가 되어라. 물처럼 무형이 되어라. 물을 잔에 부으면 잔이 된다. 물을 병에 부으면 병이 된다. 찻주전자에 부으면 찻주전자가 된다. 이제 물은 흐를 수도 부서질 수 있다. 물이 되어라, 친구여."

이는 이소룡의 철학적 사상을 잘 보여주는 것으로, 유연성과 적응력의 중요성을 강조합니다.

이소룡이 남긴 "Be water, my friend(물이 되어라, 친구여)."라는 말은 동양 철학, 특히 노자의 도가 사상과 맞닿아 있습니다. 현대를 살아가는 우리에게도 이 말은 여전히 유효합니다. 불확실성과 변화 속에서 물처럼 흐르는 법을 배운다면, 우리는 보다 지혜롭게 삶을 헤쳐 나갈 수 있습니다.

노자의 도덕경에서는 물을 최고의 존재로 비유합니다. 물은 낮은 곳을 찾아 흐르며, 어디에 담기든 그 모양에 맞춰 자신을 변화시킵니다. 부드러우나 절대 깨지지 않으며, 단단한 바위도 뚫고 지나갑니다.

물은 절대 어떤 형상을 고집하지 않습니다. 손으로 움켜쥐려 해도 빠져나가고, 높은 곳에서 떨어져도 부서지지 않습니다. 오히려 더 낮고 깊은 곳으로 흘러가 새로운 길을 찾습니다.

우리는 모든 것을 통제하려고 애쓰지만, 뜻대로 되지 않는 순간이 더 많습니다. 우리가 인생의 거친 파도 앞에서 물처럼 유연하게 대응할 수 있다면, 상처받지 않고 오히려 더 큰 힘을 가질 수 있습니다.

삶이 예상과 다르게 흘러갈 때, 억지로 저항하기보다는 흐름을 받아들이는 것이 필요합니다. 내 뜻대로 되지 않는다고 해서 반드시 나쁜 것은 아닙니다. 오히려 그 속에서 새로운 기회가 숨어 있을 수도 있습니다.

실패가 찾아왔을 때, 좌절하기보다 '이 방향이 아니었나 보다' 하고 다시 흘러가면 됩니다. 사랑이 끝났다면 '이 사람과의 인연이 여기까지였구나' 하고 받아들이면 됩니다. 세상이 내게 가혹하다고 느껴질 때조차, 물처럼 부드럽게 흘러가면 됩니다.

노자의 철학에서 가장 중요한 개념 하나가 '무위(無爲)'입니다. 아무것도 하지 않는다는 뜻이 아니라, 억지로 하지 않는다는 의미입니다. 물이 그러합니다. 물은 결코 억지로 나아가려 하지 않습니다. 그러나 결국에는 바위를 깎고, 길을 만들고, 바다에 도달합니다.

우리도 억지로 무언가를 쥐려 하기보다, 자연스럽게 흐르는 것을 배워야 합니다. 때로는 쉬어가는 것이 필요하고, 때로는 내려놓는 것이 필요합니다. 억지로 버티려 할수록 더 큰 고통이 따르기 마련입니다.

Don´t forget

★
★
★
★

58

피카소한테 한 수 배웁니다 :

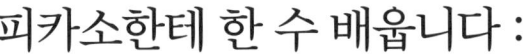

양질전환의 원리

우리는 언제부터인가 '완벽함'에 집착하게 되었습니다. 단 한 번의 시도로 완벽한 결과를 내야 한다는 강박이 우리를 짓누릅니다. 그러나 정작 삶의 이치를 들여다보면 질은 질에서 나오지 않습니다. 질은 오로지 양에서 비롯됩니다.

대장장이가 칼을 만들 때, 가장 중요한 것은 불과 망치입니다. 뜨겁게 달궈진 쇠는 망치질을 거듭할수록 단단해집니다. 수천 번, 수만 번 두드린 끝에야 비로소 날카로운 검이 완성됩니다. 단 한 번의 망치질로 명검이 탄생할 리 없습니다.

우리 삶도 마찬가지입니다. 높은 수준의 실력과 깊은 통찰력은 수많은 경험과 시행착오에서 나옵니다. 하지만 우리는 이를 외면한 채 처음부터 '질'을 원합니다. 한 번의 시도로 인정받기를 원하고, 실패 없는 완벽함을 기대합니다. 이는 불가능한 일입니다.

질이란 많은 시도를 통해 다져지는 것입니다. 그림을 잘 그리는 화가는 수천 장의 스케치를 합니다. 훌륭한 글을 쓰는 작가는 수없이 원고를 수정합니다. 무대에서 빛나는 연주자는 수만 시간의 연습을 거칩니다. 질은 '좋은 환경'에서 나오는 게 아니라, '지속적인 노력과 반복' 속에서 형성됩니다.

파블로 피카소는 평생 놀라운 양의 작품을 남겼습니다. 피카소의 작품은 다양한 매체를 아우르며, 회화뿐만 아니라 조각, 판화, 도자기, 삽화 등 여러 분야에서 그의 천재성을 보여주었습니다. 이러한 방대한 작품 수는 피카소의 끊임없는 창작 열정과 다재다능함을 잘 보여주는 증거라고 할 수 있습니다. 걸작(傑作)은 결코 소수(小數)에서 나오지 않습니다. 걸작은 수많은 시도, 경험, 꾸준함 속에서 비로소 빛을 발합니다.

처음부터 완벽한 질을 원하지 마십시오. 충분한 양을 경험해야 질이 만들어집니다. 수없이 부딪히고, 실패하고, 다시 일어서는 과정이 있어야만 더 단단한 나를 만날 수 있습니다. 그러니 오늘, 다시 한번 시도해 보십시오. 질은 질에서 나오지 않습니다. 질은 당신의 수많은 시도와 경험 속에서 만들어질 것입니다.

Don´t forget

★
★
★
★

59

미생에서 한 수 배웁니다 :

삶에서 가장 어려운 것, 패턴 깨기

표도르 미하일로비치 도스토옙스키(Fyodor Mikhailovich Dostoevskii)는 이렇게 주장했습니다.

"인생에서 두 번째 반평생은 첫 번째 반평생에서 생긴 습관으로 구성될 뿐이다(The second half of a man's life is made up of nothing but the habits he has acquired during the first half)."

명언 배틀을 한다면 제법 높은 순위에 오를만한 문장 중 하나는 이거 아닐까요?

"생각하는 대로 살지 않으면, 사는 대로 생각하게 된다."

내 몸을 휘어잡고 있는 습관에 이끌려 갈 것이냐, 삶의 태도를 단

호하게 바꿔 새로운 패턴을 만들 것이냐에 대한 고민을 던져 주는 문장입니다. 다만 좀 아쉬운 게 있다면 많은 사람들이 저 말을 폴 발레리가 한 것으로 알고 있다는 건데, 사실은 폴 발레리가 아닌 폴 부르제(Paul Bourget)의 말입니다. 폴은 폴이지만 엄연히 '다른 사람'이지요. 뭐 암튼 폴 발레리건 폴 부르제건 내 몸을 지배하는 패턴을 알아채는 게 매우 중요합니다.

사람은 자유의지를 가진 존재이지만 놀랍게도 높은 확률로 예측이 가능합니다. 사람의 행동 패턴 예측 가능성은 93%나 된다고 합니다. 그 사람이 평소 어떤 패턴을 보여왔나를 분석하면 앞으로의 일도 충분히 예측이 가능합니다. 반복적으로 하는 생각과 말과 행동, 그리고 내가 먹는 음식이 바로 지금의 우리를 만듭니다. 이제까지의 삶이 만족스럽지 않다면, 현재의 삶에 변화가 필요하다면 간단합니다. 이제부터 (과거의) 내가 아닌 '다른 사람'으로 살아가면 됩니다. 내가 아닌 다른 삶을 연기하는 '배우'의 '배(俳)'가 인(人)과 비(非)로 이뤄진 건 바로 그런 뜻입니다. 하지만 대다수의 사람은 노력하고 있다는 변명만 가득할 뿐, 실제 행동 패턴은 거의 변화가 없습니다. 상호 모순된 두 가지를 다 가지려는 마음은 어리석은 욕심일 뿐입니다.

"노력도 안 하면서 갖고 싶은 마음, 좋은 일은 안 하면서 복은 받고 싶은 마음, 사랑을 주지 않으면서 사랑받고 싶은 마음, 건강관리는 뒷전이면서 오래 살고 싶은 마음."

모순된 것을 바랄수록 마음은 괴로워집니다. 욕심을 버리든지, 과거의 내가 아닌 '다른 사람'이 되든지 둘 중 하나는 해야 합니다. 내 몸과 마음, 만나는 사람, 가는 곳, 말버릇, 식습관, 삶의 패턴이 그대로인데 어떻게 운명이 바뀌겠습니까? 내가 바뀌어야 운명이 바뀌고 세상도 바뀝니다. 세상은 됐고 나를 바꾸어야 합니다. 나를 바꾸지 않는 사람은 무엇을 해도 다람쥐 쳇바퀴처럼 살아갈 확률이 높습니다. 반복적으로 하는 행동, 그것이 바로 우리 자신입니다. 탁월함을 결정하는 핵심은 바로 습관입니다. 결국 인생은 '타고난 거 바꾸기'의 싸움이죠. 나를 보존하려는 자아와 나를 망치려는 자아와의 싸움, 그게 삶입니다.

"물체는 가만히 내버려두면 영원히 그 상태를 유지한다."

운동의 제1 법칙, 관성의 법칙(the law of inertia)입니다. 관성이란 그냥 그대로인 상태를 말하는 것으로, 존재하는 것에 힘을 가하지 않으면 아무것도 변화가 없다는 뜻입니다. 이대로 살 것인가, '다른 사람'이 될 것인가, 그것이 문제입니다.

"누구나 세상을 바꾸려고 하지만 정작 자기를 바꾸려고 하지는 않는다."

—톨스토이

"난 항상 어째서 누군가가 상황을 바로잡기 위해 행동하지 않는지 궁금해했었다. 그러던 어느 날, 내가 바로 그 '누군가'라는 사실을 깨달았다."

―배우 릴리 톰린

Don´t forget

★ _____
★ _____
★ _____
★ _____

Learning for Life ◆ 4

일상 속 법칙 · 행동 · 전환의 기술

원하대 법칙에서 한 수 배웁니다 :

운명을 바꾸는 특급 솔루션 WDEP!

Want [원 : 원하는가?]

　나는 무엇을 원하는가? [지아(知我) 나를 알고, 지명(知命) 명을 아는 것, 이것이 바로 철학(哲學)] : 누구나 '피흉취길'을 원한다. [흉화(凶禍)는 피하고 길복(吉福)은 얻고 싶음]

Doing [하 : 행동하기]

　그렇다면 내가 원하는 것을 이루기 위해 나는 지금 어떤 구체적인 행동을 하고 있는가? (습관, 패턴, 실행) : 적선(積善), 착한 일, 사람들을 돕는 일을 하는가? (말과 행동)

Evaluation [하 : 평가하기]

현재 내 행동이 원하는 것을 이루는 데 효과적인가? 내가 원한 대로 잘 이뤄지고 있는가? (메타인지) : 내 장점과 강점을 효율적으로 활용하고 있는가? 내 인생이 내가 원하는 대로 흘러가고 있는가?

Plans [대 : 대안]

만약 현재의 행동이 효과적이지 않다면, 즉 내가 원한 대로 되지 않고 있다면 그것을 이루어줄 효율적이고 구체적인 대안은 무엇인가? (대안, 끝없는 시도, Pivot 방향 전환) : 운을 열어주는 개운법

만약 계획이 효과가 없다면 수정해야 합니다. 인생이란 효과가 없는 계획을 끝없이 수정해 나가는 과정입니다. 인생에서 실패를 겪지 않을 단 하나의 방법은 '아무것도 하지 않는 것'입니다. 뉴턴은 말합니다.

"물체는 가만히 내버려두면 영원히 그 상태를 유지한다."

이를 운동의 제1 법칙이라고 하는데 관성의 법칙(the law of inertia)이라고도 합니다. 관성이란 그냥 그대로인 상태를 말하는 것으로, 존재하는 것에 힘을 가하지 않으면 아무것도 변화가 없다는 뜻입니다.

다이어트를 할 때 누구나 노력으로 시작하며 초반엔 성공도 많이

하죠. 하지만 90%는 1년 안에 다시 살이 찌고, 그중 70%는 그다음 해에 더 살이 찐다고 합니다. 그런데 결국 요요 현상 없이 '유지어터'가 되는 사람들은 바로 메타인지 능력을 기반으로 의식적인 연습과 실천을 하는 사람들입니다.

대개의 사람은 뭘 잘했는지 잘못했는지도 모르고, 고칠 생각조차 없습니다. 성공을 위한 모든 요소를 이미 가지고 있지만, 레시피를 구현하려는 추진력은 없는 것처럼 보일 때가 많습니다. 메타인지는 그 문제를 해결하거나 최소화하는 데 도움이 됩니다. 자신을 객관적으로 바라보는 행위를 세분화하여 단계별로 질을 높여가면 메타인지를 높일 수 있습니다.

프랑스의 사상가이자 문학자인 미셸 몽테뉴(Michel Eyquem de Montaigne)는 말했습니다.

"사건들을 통제할 수 없기 때문에 나는 나 자신을 통제한다."

몽테뉴의 말처럼 우리는 신이 아니기 때문에 주변에서 일어나는 모든 사건을 원하는 대로 통제할 수 없습니다. 대신 스스로 생각을 통제할 수는 있습니다. 내 힘으로 바꿀 수 없는 일이라면 내 마음을 바꿔야 합니다.

당신이 반복한 것이 곧 당신입니다. 99일 동안 음식을 적절히 섭취하다가 단 하루 과식했다고 살이 찌지 않듯, 99일 동안 철저히 과식하다가 단 하루 단식했다고 살이 빠지지 않습니다. 그런데 우리는 자꾸만 후자를 바랍니다. 오랫동안 많이 먹어서 공들여 만든 몸이 하루의 단식으로 사라지길 바라는 것이죠. 그러나 그런 기적은 절대 이루어지지 않습니다. 우리의 몸은 어떤 신보다 공평해서 자주 반복한 습관의 손을 들어 주기 때문입니다.

"당신은 무엇을 자주 반복하는가? 당신이 반복한 것이 곧 당신이다."

아무리 복잡하고 나쁜 습관도 바꿀 수 있습니다. 알코올에 찌든 중독자도 술을 끊을 수 있고, 문제투성이인 기업도 스스로 변할 수 있습니다. 다만, 이를 위해서는 습관을 바꾸겠다는 (단호한) 결심이 먼저 있어야 합니다. 그다음, 반복 행동을 유도하는 신호와 보상을 알아내고, 대안을 찾으려는 의식적인 노력이 있어야 합니다. 자신이 스스로 변할 수 있다고 믿고, 그 믿음을 습관화할 수 있다면 변화는 실제로 가능합니다.

"1%만 바꿔도 인생이 달라진다."라는 책을 쓴 저자 이민규 박사는 나 자신을 돌아보면 몇 가지 문제점을 확인할 수 있다고 합니다.

첫째, 문제가 무엇인지를 정확하게 파악했는가?
둘째, 문제가 생기면 그 원인을 외부에서 찾고, 다른 사람이나 세상을 탓하지는 않았는가?
셋째, 비효과적인 방법을 반복해서 사용하는 건 아닌가?

지금까지의 삶이 기대와는 정반대로 전개되고 있다고 해서 항상

180도의 전환이 필요한 것이 아니라, 오히려 1도의 관점 전환과 1%의 행동 변화만으로도 해결할 수 있는 경우가 더 많습니다. 운전이나 사격을 해본 사람이라면 각도를 1도만 바꾸어도 도착 지점이 완전히 달라진다는 사실을 잘 알 것입니다.

독일의 정신분석학자 카렌 호나이(Karen Horney) 박사는 이렇게 말합니다.

"매사에 남 탓이나 하는 나약한 사람들은 자신의 목표에 걸맞은 노력을 하지 않고, 그저 막연히 바라기만 한다."

OO이 되기 위해 합당한 노력을 하지 않은 채 무조건 OO이 되고 싶다고 하는 사람은 그만큼 현실을 모르는 것입니다. '내가 OO이었다면 좋았을 텐데……'라고 말하는 것은 심리적으로 유아 상태임을 내보이는 것입니다. 유아가 젖병을 원하는 것처럼 말입니다.

따라서 평소에 자신이 자주 던지는 질문을 점검해야 합니다. 자기 삶에 대한 평가가 시시하다면 내가 시시한 질문을 던지고 있기 때문인지도 모릅니다. 불만족스러운 인생을 살고 있다면, 질문에 문제가 있을 가능성이 있습니다. 무언가 더 나은 답을 찾고 싶은 사람은 질문부터 점검해야 합니다.

무언가 일이 내가 예상한 것과 달리 나쁘게 흘러가고 있을 때 해야 할 일은 상황 분석입니다. 왜 이렇게 되고 있는지를 파악하는 것이죠. 그리고 문제가 있다면 방향을 수정해 나가면 됩니다. 이게 정석입니다.

다 아는 얘길 왜 하나 생각하겠지만 실상은 대부분 이렇게 하지 않아서입니다. 이런 상황에서 필요한 건 자기 자신이 틀렸다는 걸 인정하고 자기 생각과 관념을 깨부수는 것인데 이게 힘들기 때문이죠.

그래서 대부분은 가장 손쉬운 방법을 택합니다. 외부에 문제의 원인을 돌리는 것이죠. '환경이 문제네 상황이 문제네 다른 사람이 문제네' 하면서요. 이렇게 하면 내가 틀리지 않았다는 안정감을 줄 순 있지만 문제 해결엔 아무런 도움이 되지 않습니다.

Don't forget

★
★
★
★

61

'닥행'으로 한 수 배웁니다 :

피나는 노력 말고 티 나는 노력!

"Do something! (어떤 행동이든 하라!)"

지금 이 순간, 당신의 삶을 바꾸는 가장 강력한 주문입니다. 어떤 행동이든 하십시오. 하찮아 보여도 괜찮습니다. 완벽하지 않아도 괜찮습니다. 중요한 건 '지금 여기서' 무엇이라도 하는 것입니다.

동양철학은 늘 변화와 흐름을 중시해 왔습니다. 주역(周易)의 '변(變)'은 모든 존재의 본질이자 진리입니다. 고여 있는 것은 썩고, 움직이는 것만이 살아갑니다. 고인 물이 아니어야 삶입니다. 생각만 하는 자리에 머무르면, 그 자리는 곧 당신을 붙잡는 웅덩이가 됩니다.

수삼세동자식지 팔십노옹유난행(雖三歲童子識之 八十老翁猶難

行), 세 살 아이도 아는 일이지만, 여든의 노인도 실행하기는 어렵습니다. 모두 알고는 있습니다. 건강해지려면 운동해야 하고, 부자가 되려면 절약하고 공부해야 하며, 관계가 좋아지려면 먼저 다가가야 한다는 것. 하지만 정작 움직이지 않습니다. 왜냐고요? 행동이 '생각보다' 어렵기 때문이 아닙니다. 행동이 '생각 없이'는 안 되기 때문입니다.

노자의 도덕경은 이렇게 말합니다. 천리지행 시어족하(千里之行 始於足下). "천 리의 길도 한 걸음에서 시작된다." 하지만 그 한 걸음이, 늘 제일 어렵습니다. 왜냐하면 머릿속에서는 '제일 좋은 때'를 기다리고 있기 때문입니다. '내일부터', '조금만 더 준비한 뒤에', '상황이 나아지면'… 그러는 사이에 시간은 당신을 스쳐 지나갑니다. 삶은 늘 '지금'만 주어지는데, 사람은 자꾸 '나중'에 기대를 겁니다.

거창할 필요 없습니다. 숨이 차오르는 오늘을 감당하기 위해서는, 작은 행동 하나가 충분합니다. 아침에 눈을 떴다면 침대를 정돈하십시오. 단 10분이라도 책을 펴고 글자와 눈을 맞추십시오. 운동화를 신고 가까운 거리라도 걸어보십시오. 그것이 당신을 붙잡아줄 가장 현실적인 위로입니다. 행동은 위로입니다. 말보다 더 큰 울림이고, 생각보다 더 깊은 치유입니다.

많은 이들이 지쳐 있습니다. 진로가 막막하고, 인간관계가 피곤하며, 삶의 방향이 보이지 않는다고 말합니다. 그럴수록 '머무름'이 아닌 '움직임'이 필요합니다.

"Do something!"

울고 있다면 눈물을 닦을 손부터 드십시오. 막막하다면 막막한 줄을 글로 써보십시오. 하루가 너무 허무하다면, 그 허무를 달리기라도 하며 쫓아가 보십시오.

행동은 당신의 정신을 일으켜 세우고, 생각은 그 뒤를 따릅니다. 당신이 하는 그 작은 행동 하나가, 인생을 바꾸는 첫 불씨가 됩니다. 당신은 당신이 해낸 행동의 총합입니다.

그러니 지금, "Do something!" 닥치고, 행동하십시오. 당신이 원하던 삶은 그 길 위에서 반드시 마주치게 되어있습니다.

Don´t forget

★
★
★
★

62

가나다 법칙에서 한 수 배웁니다 :

가볍게, 나답게, 다르게

 왜 자꾸 이해하려고 하시나요? 상대방이 이해되지 않을 때 억지로 머리를 싸매고 원인을 분석하려고 들지 말고, 그냥 이렇게 마음속으로 되뇌어 보세요. '아, 그렇구나. 이 사람은 저렇게 생각하는구나. 나랑은 다르구나. 저런 생각도 있을 수 있구나.' 그냥 그렇게 받아들이는 겁니다. 수용이 이해보다 빠를 때가 많습니다. 이해하려고 애쓰는 대신 받아들이면, 마음도 편해지고 관계도 편안해집니다. 오늘은 '가나다 법칙'을 제안해 봅니다. 간단하지만, 깊은 울림을 주는 삶의 자세입니다.

첫째, 가볍게. 삶의 무게를 스스로 더 무겁게 만들지 마세요. '이게 뭐라고!' 이 다섯 글자를 주문처럼 외워보세요. 무언가 일이 생겼을 때, 사소한 실수가 있었을 때, 인간관계에서 꼬임이 생겼을 때, 너무 심각하게 받아들이지 말고 한 발 떨어져서 생각하세요. 진짜 중요한 일은 거의 없습니다. 지금 이 순간 당신을 짓누르는 그

감정, 시간이 지나면 아무것도 아닐 수 있습니다. Don't be serious. 너무 심각해지면, 인생은 무거워지고 표정은 굳습니다. 웃어 넘기고, 흘려보내고, 가볍게 처리해 보세요. 심각함은 문제를 더 무겁게 만들 뿐입니다. 오히려 가볍게 바라볼 때, 해답이 보이고 여유가 생깁니다. 가벼움은 가벼운 선택이 아닙니다. 그것은 유연한 용기입니다.

둘째, 나답게. 세상은 정답을 강요합니다. 하지만 인생에 정답은 없습니다. '나는 나답게. 너는 너답게.' 이 말 속에 자유가 숨어 있습니다. 남이 뭐라고 하든, 기준을 내 안에서 찾아야 합니다. 비교는 끝없는 경쟁을 부르고, 경쟁은 끝없는 불안을 낳습니다. 남보다 잘하려 하지 말고, 어제의 나보다 한 걸음만 나아가세요. 나의 기질, 나의 방식, 나의 속도에 맞게 가는 것이 진짜 '성장'입니다. 나를 먼저 사랑하세요. 내가 나를 무시하는 순간, 타인의 인정에 목말라지기 시작합니다. 내가 나를 있는 그대로 존중할 때, 그 에너지가 밖으로 전파됩니다. 당신은 이미 충분히 괜찮은 사람입니다. 그러니 그냥, 나답게. 그것이 최고의 전략입니다.

셋째, 다르게. 우리는 모두 다릅니다. 외모도 다르고, 말투도 다르고, 생각의 흐름도 다릅니다. 하지만 우리는 자꾸 똑같기를 원하고, 같지 않으면 틀렸다고 단정합니다. 다름을 인정하는 순간, 갈등의 80%는 사라집니다. '왜 저래?'가 아니라 '아, 저 사람은 저렇게 생각하는구나.' 틀린 게 아닙니다. 그냥 다른 겁니다. 다른 건 오히려 아름다운 것입니다. 자신과 다른 사람을 이해하려고 들지 말고, 그냥 인정하세요. '그럴 수도 있겠다.' 이 말은 갈등을 줄이는 마법의 주문입니다. 사람이 다르면, 그 차이로부터 배울 수도 있고, 내가 몰랐던 시각을 얻을 수도 있습니다. 다르게 산다는 것은 나쁜 게 아니라, 다양한 방식의 삶이 존재함을 보여주는 증거입니다. 그래서 우리는 다를수록 더 풍요롭습니다.

결국, 인생을 조금 더 편하게 사는 법은 아주 단순합니다. 가볍게, 나답게, 다르게. 이 세 단어를 마음에 새기고, 오늘도 그렇게 한 걸음씩 걸어보는 겁니다. 이 세 글자에 당신의 하루를 담아보세요. 분명히 더 나아질 겁니다. 그리고 무엇보다, 당신은 그렇게 살아도 괜찮습니다.

Don´t forget

★
★
★
★

63

좋아많아 법칙에서 한 수 배웁니다 :

**좋은 아이디어는
많은 아이디어에서 나온다.**

 양이 질을 결정합니다. 좋은 아이디어나 창의성이 넘치는 위대한 생각은 수많은 아이디어 중에서 나오죠. 머리가 좋고 나쁘다는 것은 창의적인 것과는 전혀 상관이 없습니다. 많이 생각하면 아이디어는 자연스럽게 나옵니다. 수많은 아이디어 중 겨우 한두 개가 제대로 나오고, 그것들 중에서 실현되는 것은 극히 제한적이죠.

내 안에 잠든 운을 깨우기 위해서는 두 가지 노력이 필요합니다.

첫 번째는 계속 시도하는 것입니다. 복권에 당첨되기 위해서는 일단 복권을 계속 긁어야 합니다. 그러니까 공모전에 참가하든, 책을 출간하든 일단 계속 도전해야 합니다.

두 번째는 그 운을 자기 걸로 만들기 위해 노력해야 합니다. 우리는 내가 이길 확률이 높은 곳에서 운을 테스트해야 합니다. 전쟁은 이겨 놓고 확인하러 가는 것이지, 요행수를 바라며 건곤일척의 승부를 펼치는 게 아닙니다. 자신에게 유리한 판을 만들어내는 과정이 곧 운을 자기 것으로 만드는 과정입니다.

다작이 중요합니다. 다작해야 그 과정에서 많이 공부하고, 많이 배우고, 실수하면서 다듬어지고 실력도 쌓입니다. 이것이 바로 '양질전환'의 원리입니다.

피카소는 2만 점이 넘는 작품, 아인슈타인은 240편의 논문, 바흐는 매주 한 편씩 칸타타를 작곡했습니다. 그렇기 때문에 고수들은 좋은 작품 못지않게 형편없는 작품 역시도 무쟈게 많이 만들었다는 사실, 그 사실이 매우 중요하죠.

1954년 노벨화학상, 1962년에는 노벨 평화상을 수상한 화학자 라이너스 폴링은 이렇게 얘기했습니다.

> 좋은 아이디어를 얻는 최고의 방법은 가능한 한 많은 아이디어를 확보하는 것이다.

바로 이것이 좋아많아 법칙입니다. 새롭고 강력한 아이디어를 얻어내는 것은 확률의 게임입니다. 많이 생각하고 메모할수록 그 확률을 높일 수 있습니다.

에디슨은 10일 간격으로 새로운 발명을 한다는 목표를 세웠고, 그 결과 1,093개의 특허를 냈습니다. 그런데 1,093개의 특허 대부분은 널리 알려지지도 않았고 그다지 큰 성공을 거두지 못했습니다. 소수의 몇 가지 특허만이 인류를 더 나은 미래로 인도했죠. 1,093개의 특허가 없었다면 당연히 그 소중한 몇 가지의 특허도 없었을 것입니다. 유명한 미래학자이자 세계 3대 SF 작가로 꼽히는 아이작 아시모프도 450권이란 엄청난 양의 책을 썼습니다. 하지만 아시모프의 팬 중에서 450권 전체를 기억하는 이들은 많지 않을 것입니다.

볼프강 아마데우스 모차르트, 그 이름 외에 다른 설명이 필요 없는 이 천재 작곡가도 600편이 넘게 작곡했습니다. 1756년에 태어나 1791년 35세란 젊은 나이에 세상을 떠났는데도 말이죠. 그중에서 세상에 큰 영향을 준 한두 편의 명작이 나왔습니다. 먼지 봉투 없는 진공청소기를 처음 만든 제임스 다이슨 역시 계속해서 실패를 거듭하는 과정을 거쳤습니다. 그는 15년간 무려 5,127개 시제품을 만든 끝에 시장에 출시할 모델을 확정 지었습니다.

성공한 사람 대부분은 아이디어가 생각나는 대로 즉시 기록하는 메모광이었습니다. 엄청난 양을 기록했죠. 많이 메모할수록 확률을 높일 수 있습니다. 메모한 모든 것이 활용되는 것은 아니지만 메모한 것이 적으면 활용할 기회조차 얻지 못합니다.

창의적인 결과물은 대개 많은 시도가 실패한 끝에 나옵니다. 인류 역사에 등장한 아이디어는 대부분 실패를 용인하는 환경에 그 뿌리를 두고 있습니다.

Don't forget

★
★
★
★

64

4비 금지 법칙에서 한 수 배웁니다 :

비교, 비난, 비판, 비하하지 말자

　　갈등(葛藤)은 칡나무와 등나무라는 뜻입니다. 살아가는 동안 사람과 사람 사이에 갈등이 생기는 것은 지극히 자연스러운 일입니다. 그것은 마치 칡나무와 등나무가 얽히듯, 서로 다른 방향으로 뻗어나가려는 존재들이 한 공간 안에서 살아가는 데서 비롯되는 현상입니다. 칡나무는 오른쪽으로 감아 올라가고, 등나무는 왼쪽으로 감아 올라갑니다. 둘이 한 그루 나무에 얽히기 시작하면 쉽게 분리되지 않듯이, 사람과 사람 사이의 갈등도 그렇게 복잡하고도 얽히기 쉬운 구조를 가집니다. 중요한 것은 갈등이 존재하는가 아닌가가 아니라, 그것을 어떻게 다루느냐입니다.

　우리는 종종 갈등이 일어나면 무언가 잘못됐다고 느낍니다. 하지만 갈등은 반드시 피해야 할 부정적인 것이 아닙니다. 갈등을 통해 서로를 더 깊이 이해하고, 서로의 경계를 발견하며, 보다 성숙한 관계로 나아갈 수 있는 기회로 만들 수도 있습니다. 문제는 갈등 그 자체보다, 그것을 대하는 우리의 태도입니다. 그 태도를 다스리기 위한 한 가지 지혜가 바로 '4비 금지 법칙'입니다.

비교하지 말자.

　비교는 우리 마음을 가장 쉽게 불편하게 만드는 행동입니다. 타인과 나를 비교하면 시기와 열등감이 생기고, 타인을 타인끼리 비교하면 관계에 균열이 생깁니다. 부모가 자녀를 비교하고, 상사가 직원들을 비교하며, 친구끼리 서로를 비교할 때, 그 속에는 평가와 경쟁이 따라옵니다. 그리고 그 끝은 종종 불신과 소외입니다.

　비교의 함정은 단순합니다. 누구든 '기준'에 따라서는 나아 보일 수도, 못해 보일 수도 있습니다. 그러나 사람은 각기 다른 기질과 환경, 경험을 바탕으로 살아갑니다. 비교는 다름을 무시하는 행위이며, 타인의 삶을 단일한 잣대 위에 올려놓는 일입니다. 비교는 성장의 자극이 아니라 상처의 씨앗이 되기 쉽습니다. 나와 타인을 비교하지 않고, 그저 있는 그대로 인정하는 태도, 그것이 관계의 건강을 지키는 시작입니다.

비난하지 말자.

　비난은 감정을 얹은 판단입니다. 상황을 설명하거나 비평하는 것이 아니라, '당신은 잘못됐어'라고 단정 짓는 행위입니다. 비난은 상대를 향한 언어의 폭력이며, 대화를 단절시키는 가장 빠른 방법입니다. 비난은 경청을 차단하고, 방어와 공격을 유도하며, 감정을 격화시킵니다.

사람은 누구나 실수할 수 있고, 부족한 점도 있습니다. 그런 점을 지적하는 방식은 얼마든지 다를 수 있습니다. 비난이 아닌, 이해와 협력의 태도로 말한다면 오히려 더 효과적인 소통이 가능합니다. 문제는 '무엇을 말하느냐'보다 '어떻게 말하느냐'에 달려 있습니다. 감정이 격해질수록 한발 물러서고, 상황을 가라앉힌 다음에 이야기할 줄 아는 것이 성숙한 대화의 기술입니다.

비판하지 말자.

비판은 논리적일 수 있지만, 방향을 잘못 잡으면 사람을 꺾는 도구가 됩니다. 비판이 정당성을 가지려면 반드시 대안이 있어야 하며, 상대를 위한 목적이어야 합니다. 그렇지 않으면 그것은 일방적 통보이고, 감정의 분출일 뿐입니다.

건설적인 비판과 파괴적인 비판은 목적과 태도에서 갈립니다. 전자는 함께 더 나은 방향을 모색하기 위해 존재하지만, 후자는 상대의 존재 자체를 부정하려는 데 머물 수 있습니다. 비판이 상대를 변화시키기보다 상처를 남긴다면, 그건 피드백이 아니라 일종의 심리적 공격입니다. 비판은 가능하면 자기 자신에게 먼저 적용해 보고, 상대에게는 겸손한 시선으로 다가가는 것이 바람직합니다.

비하하지 말자.

비하는 존재를 낮춰 말하는 것입니다. 말은 때로 칼보다 더 깊은 상처를 남깁니다. 농담이라도 비하가 담기면 관계는 서서히 무너집니다. 상대의 정체성을 부정하거나, 외모·학력·배경·기질 등을 희

화화하거나 무시하는 표현은 어떤 이유로도 정당화될 수 없습니다.

비하는 자신이 우월하다는 착각에서 비롯되며, 그것은 관계 속에서의 수직 구조를 강화합니다. 그러나 진정한 관계는 수평에 가까워야 합니다. 누구도 누구 위에 있지 않고, 각자의 삶을 살아가는 독립된 존재로 인정받아야 합니다. 비하 없는 대화가 쌓일수록 신뢰는 자라고, 사람 사이의 온도는 따뜻해집니다.

세상에는 칡나무 같은 사람이 있고, 등나무 같은 사람도 있습니다. 칡은 칡대로 자라고, 등나무는 등나무대로 자랍니다. 이 둘은 결코 같은 방식으로 자랄 수 없습니다. 그럼에도 사람들은 종종 상대에게 자기 방식의 자람을 요구합니다. 그러니 서로 얽히고, 갈등하고, 풀리지 않는 매듭이 생기는 것입니다.

하지만 꼭 이해해야만 관계를 맺을 수 있는 것은 아닙니다. 다만 긍정하고 존중하면 됩니다. 칡이 등나무를 이해하지 않아도 됩니다. 그저 '다르다'를 '틀리다'로 해석하지 않는 것. 이 단순한 관점의 전환이 삶의 갈등을 줄이는 출발점입니다. 억지로 이해하려 애쓰기보다는, 그저 각자의 방향을 인정해 주는 것이 더 지혜로운 방법입니다.

갈등은 피할 수 없습니다. 하지만 갈등을 다루는 방식은 선택할 수 있습니다. 그 선택의 첫걸음이 바로 4비 금지입니다.

비교하지 말고,

비난하지 말고,

비판하지 말고,
비하하지 마십시오.

그것이 서로를 지키고, 나 자신도 지키는 방법입니다. 갈등을 막을 수는 없어도, 그 갈등을 더 나은 이해와 존중으로 전환할 수 있는 힘은 바로 우리의 태도에서 나옵니다. 말과 마음, 그리고 시선의 습관부터 다시 점검해야 할 때입니다. 4비를 끊는 순간, 관계는 달라지고, 세상은 조금 더 따뜻해집니다.

Don´t forget

★
★
★
★

65

구나 구나 법칙에서 한 수 배웁니다 :

그렇구나, 좋구나, 맞구나

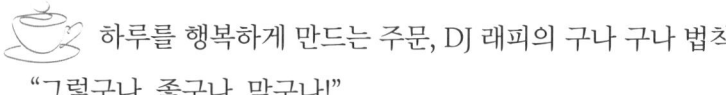 하루를 행복하게 만드는 주문, DJ 래피의 구나 구나 법칙!
"그렇구나, 좋구나, 맞구나!"

아, 네 생각은 그렇구나! 너도 좋고, 나도 좋고, 좋구나! 네 말도 맞고, 내 말도 맞고, 맞구나!

구나 구나 법칙만 지키면 싸울 일이 없습니다.

우리는 하루에도 수없이 많은 사람을 만나고, 수없이 많은 말을 주고받습니다. 그 가운데에서 의견 충돌이 생기고, 감정이 상하고, 때로는 마음의 골이 깊어지기도 합니다. 왜일까요? 대부분은 내 생각이 '정답'이라는 고집 때문입니다. 상대의 말에 귀를 열기보다는, 내 말이 옳다는 걸 증명하려는 데에 에너지를 씁니다. 그러다 보니 작은 말 한마디에도 상처받고, 오해하고, 멀어지게 됩니다.

하지만 '구나 구나 법칙'을 기억하면 상황은 달라집니다. 이 법칙은 단순해 보이지만 강력한 힘을 지닙니다. "아, 그렇구나."라고 말하는 순간, 상대를 이해하는 문이 열립니다. "오, 좋구나."라고 말하는 순간, 함께하는 분위기가 따뜻해집니다. "그래, 맞구나."라고 말하는 순간, 서로의 생각이 이어집니다. 이 세 마디는 관계를 회복시키고, 마음을 열고, 세상을 부드럽게 만드는 열쇠입니다.

'그렇구나'는 인정입니다.

내 생각과 다르더라도, '아, 그럴 수도 있구나' 하고 받아들이는 순간, 대화의 온도가 내려갑니다. 뜨거운 말다툼 속에서도 이 한마디면 불씨를 잠재울 수 있습니다. 상대방도 자신이 존중받았다는 느낌을 받습니다. 그다음 말이 달라집니다. 고집이 아닌 대화가 시작되는 것입니다.

'좋구나'는 환대입니다.

누군가의 선택, 누군가의 기쁨을 보고 "좋구나!"라고 함께 기뻐하는 것은 마음의 여유입니다. 시기나 비교는 우리를 불행하게 만듭니다. 반면, 남의 행복을 함께 기뻐할 줄 아는 사람은 언제나 따뜻한 사람으로 기억됩니다. "네가 잘돼서 좋구나."라는 말은 생각보다 큰 응원입니다. 듣는 사람의 마음에 햇살이 스며듭니다.

'맞구나'는 존중입니다.

모든 것이 정답일 수는 없지만, 각자의 삶에는 각자의 '맞음'이 있습니다. 너의 처지에서 보면 그게 맞는 것이고, 나의 처지에서 보면 또 다른 맞음이 있는 법입니다. 이 말은 내 생각을 포기하는 것이 아닙니다. 다름을 인정하는 성숙한 태도입니다. 세상은 하나의 답만으로 움직이지 않습니다. 다양한 답이 공존하는 사회가 더 건강합니다. 그래서 우리는 서로에게 "맞구나."를 말할 수 있어야 합니다.

이 구나 구나 법칙은 일상에서도 쉽게 실천할 수 있습니다. 아이의 엉뚱한 말에도 "그렇구나." 동료의 생각이 나와 달라도 "맞구나." 연인의 취향이 내 것과 다를 때도 "좋구나."

이렇게 말해보면, 신기하게도 관계가 부드러워집니다. 갈등이 줄고, 마음이 편안해집니다. 마음을 닫고 "왜 그래?"라고 묻는 대신, "그렇구나."라고 말해보십시오. "왜 그랬어?"라는 추궁보다, "좋구나."라는 인정이 더 많은 것을 회복시킵니다. "내가 맞아!"라는 고집 대신, "맞구나."라는 여유가 더 많은 사람을 품게 합니다.

'구나 구나 법칙'은 결국 사랑의 언어입니다. 이해하려는 마음, 함께 기뻐하려는 마음, 그리고 인정하려는 마음이 담겨 있습니다. 우리가 모두 이 세 마디를 입에 익히고, 마음에 담을 수 있다면, 세상은 훨씬 더 평화롭고 따뜻해질 것입니다.

저는 DJ로서 매일 수많은 사연을 듣고, 다양한 감정을 만납니다. 그 속에서 가장 많이 느끼는 건, 사람은 누구나 인정받고 싶어 한다는 사실입니다. 자기 얘기를 "맞구나." 하고 들어주는 사람을 만나면, 그 마음은 풀어집니다. 방송을 통해 저는 매일 "그렇구나, 좋구나, 맞구나."를 연습하고 있습니다. 말에는 에너지가 있고, 방향이 있습니다. 그 방향이 따뜻하면, 사람도 따뜻해집니다.

마지막으로 여러분께 권합니다. 오늘 하루, 이 세 마디를 꼭 써보시기를 바랍니다. 누군가와 대화할 때, "그렇구나." 하고 들어보세요. 기뻐하는 사람에게 "좋구나." 하고 말해보세요. 의견이 달라도 "맞구나." 하고 받아들여 보세요. 하루가 달라집니다. 관계가 달라집니다. 마음이 달라집니다.
　구나 구나 법칙만 지키면 싸울 일이 없습니다. 맞습니다. 그렇구나! 좋구나! 맞구나! 오늘도 그렇게 따뜻한 하루가 시작됩니다.

Don't forget

★ _____
★ _____
★ _____
★ _____

66

선수 교체로 한 수 배웁니다 :

세상은 됐고 나를 바꾼다.

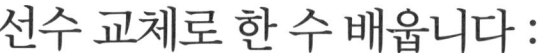 스포츠에서 게임이 안 풀릴 땐 선수 교체를 하지요? 팔자가 꼬이고 안 풀릴 때도 선수 교체를 하세요. 셀프 선수 교체! 이게 바로 '세상은 됐고 나를 바꾼다' 작전입니다. 나를 바꾸는 최고의 셀프 선수 교체는 눈, 코, 입 중에서도 특히 '입'입니다. 입으로 들어가는 것과 입에서 나오는 것을 통제할 수 있는 역량, 이것이 꼬임을 푸는 핵심 도구입니다.

내 마음이 바뀌면 세상이 바뀝니다.
 명리학(命理學)은 인간의 운명과 삶의 흐름을 이해하는 동양의 지혜입니다. 사주팔자(四柱八字)를 통해 개인의 타고난 성향과 운세를 분석하면서, 명리학은 우리가 처한 환경과 자신의 본성을 깨닫고 삶의 방향을 설정하도록 돕습니다. 여기서 중요한 점은 명리학이 단순히 운명을 결정지으려는 도구가 아니라, 나 자신과 주변

을 조화롭게 만들어가는 데 활용된다는 점입니다.

　명리학에서 가장 강조되는 원리는 음양오행(陰陽五行)입니다. 음양은 세상의 이치와 변화의 근본을, 오행은 삶의 다섯 가지 요소(木, 火, 土, 金, 水)가 서로 영향을 주고받는 관계를 설명합니다. 이는 곧 우리 마음의 상태가 외부 환경에 큰 영향을 끼칠 수 있음을 암시합니다. 마음이 안정되고 조화로운 상태를 유지할 때, 나와 세상이 서로 긍정적인 영향을 주고받으며 변화할 수 있다는 것입니다.

　예를 들어, 사주에서 화(火)가 부족한 사람은 열정과 에너지가 결핍되어 좌절을 쉽게 느낄 수 있습니다. 그러나 이는 자신의 마음속 '불'을 스스로 일으켜야 할 필요성을 알려주는 신호이기도 합니다. 내면의 화를 깨우기 위해 작은 목표를 세우고 성취하는 과정을 반복하면, 삶의 주도권을 회복하게 됩니다. 결국 자신의 마음가짐이 달라지면, 세상도 그에 따라 다르게 보이기 시작합니다.

세상은 내 마음의 거울입니다.

　주역(周易)은 변화의 철학입니다. 모든 것은 고정되지 않고 끊임없이 변화하며, 인간은 그 변화 속에서 자신의 위치와 역할을 깨달아야 합니다. 주역에서 가장 유명한 원리는 "하늘의 도는 변화(變化)이며, 지혜로운 자는 그 변화에 순응한다."는 것입니다. 이는 세상의 변화는 내 마음과 분리된 것이 아님을 알려줍니다.

　주역의 괘상(卦象)은 자연의 변화와 인간의 내면이 서로 연결되어 있음을 상징적으로 보여줍니다. 예를 들어, "수화기제(水火旣濟)"는 물과 불이 조화를 이루어 일이 완성되었음을 뜻하지만, 동시에 조화로움을 유지하려면 끊임없는 주의와 노력이 필요함을 의미합니다. 이는 내 마음이 고요하고 평온할 때, 외부 환경도 자연스레 조화로워진다는 주역의 깨달음을 담고 있습니다.

또한, 주역은 어떤 상황에서도 변화의 가능성을 믿고 준비하라고 가르칩니다. 세상이 혼란스럽고 마음이 괴로울 때, "괘(卦)"를 통해 자신을 성찰하고 새로운 가능성을 모색하는 것이 중요합니다. 그 과정에서 깨달은 점은, 결국 변화의 시작은 세상이 아닌 내 마음에서 비롯된다는 것입니다.

마음의 전환이 가져오는 삶의 변혁

명리학과 주역은 한결같이 우리의 마음이 세상의 변화와 연결되어 있음을 강조합니다. 내 마음이 어둡고 혼란스러울 때, 세상도 비슷하게 느껴집니다. 반대로, 내 마음이 밝고 긍정적일 때, 세상은 새로운 기회를 제공합니다. 이는 단순히 심리적 위안을 넘어서, 우리 삶의 본질적인 방향성을 제시합니다.

이를 삶에 적용하면 다음과 같은 실천이 가능합니다.

첫째, 자신의 본성을 파악하고 이해하는 것입니다. 명리학에서 말하는 사주의 구성은 우리의 강점과 약점을 알려줍니다. 나의 약점을 극복하려는 마음가짐이 세상을 대하는 태도를 바꾸고, 삶의 장애물을 새로운 시각으로 보게 만듭니다.

둘째, 주역의 교훈처럼 변화의 흐름을 받아들이는 것입니다. 삶은 정체되지 않고 늘 변하기 때문에, 고난과 역경도 결국 지나가게 마련입니다. 중요한 것은 변화의 흐름을 두려워하지 않고 그 속에서 새로운 기회를 발견하려는 태도입니다. 세상이 흔들릴수록 내 마음을 다잡아야 한다는 주역의 가르침은, 오늘날의 복잡한 현실에도 유효합니다.

내 마음의 변화가 세상의 변화를 이끕니다.

"내 마음 바꾸는 것이 온 세상이 바뀌는 일"이라는 문장은 명리학과 주역의 깊은 철학을 함축하고 있습니다. 명리학은 자신의 본성을 깨닫고 조화로운 삶을 지향하게 하고, 주역은 변화 속에서 자신을 돌아보고 올바른 길을 찾게 돕습니다. 이 두 전통은 모두 마음가짐이 곧 삶과 세상을 바꾸는 원동력임을 일깨웁니다.

우리의 삶은 우리가 어떤 시각으로 세상을 바라보느냐에 따라 달라집니다. 마음의 변화를 통해 세상을 변화시키고, 스스로 조화로운 흐름을 만들어가는 것이야말로 동양 철학이 말하는 진정한 지혜일 것입니다. 내면의 불안과 혼란을 다스리고, 평화와 조화를 찾아갈 때, 세상은 내 마음의 거울처럼 더 밝고 풍요로워집니다.

삶의 주인이 되는 첫걸음은 내 마음을 변화시키는 데 있습니다. 그 변화가 곧 세상을 변화시키는 힘이 됩니다.

Don't forget

★
★
★
★

67

계기판 보고 한 수 배웁니다 :

인생 계기판

모든 자동차에는 운전자를 위한 계기판이 있습니다. 속도계, 연료계, 엔진 경고등 등이 있어 운전자가 속도를 조절하고 차량 상태를 쉽게 확인할 수 있도록 도와주죠. 우리 인생에도 계기판이 있어야 하지 않을까요? 속도와 방향을 조절하고, 에너지를 점검할 수 있는 나만의 기준 말입니다.

인생 계기판에는 배움 게이지, 건강 게이지, 인내 게이지, 감사 게이지, 성취 게이지 등이 있을 수 있습니다. 이 게이지들은 남들에게는 보이지 않지만, 내가 성장하는 과정에서 서서히 올라갑니다.

예를 들어, 매일 책 한 장을 읽는다면 지식 게이지가 조금씩 올라갑니다. 아침에 일어나 운동을 하면 체력 게이지가 차오릅니다. 순간적으로 화가 날 때 한 박자 쉬어가며 참으면 인내 게이지가 올라갑니다. 이런 작은 행동이 모여 결국 나를 더 단단한 사람으로 만듭니다.

자동차도 계기판을 무시하면 연료가 떨어지거나 엔진이 고장 나듯, 우리 삶도 방향을 잃을 수 있습니다. 내가 어디로 가고 있는지, 어떤 부분에서 성장하고 있는지를 점검해야 합니다.

하지만 더 중요한 것은 타인의 계기판과 비교하지 않는 것입니다. 어떤 사람은 빠르게 달릴 수도 있고, 어떤 사람은 천천히 걸어갈 수도 있습니다. 핵심은 나의 속도, 나의 방향입니다.

남의 기준이 아닌 나만의 기준을 따라 자유롭게 살아가야 합니다. 인생의 목표는 남보다 앞서는 것이 아니라, 내가 원하는 방향으로 꾸준히 나아가는 것입니다.

지금 당신의 계기판은 어떻게 보이고 있나요? 건강, 관계, 꿈, 배움… 당신에게 중요한 게이지는 무엇인가요? 오늘부터 단 1분이라도, 나의 계기판을 확인하는 시간을 가져보세요. 그 작은 습관이 쌓여, 당신을 성장으로 이끌 것입니다.

Don't forget

★
★
★
★

68

주머니에게 한 수 배웁니다 :

수의에는 주머니가 없습니다.

 수의엔 주머니가 없습니다. 죽음은 우리 모두에게 공평하게 다가옵니다. 재산도, 명예도, 지위도, 그 무엇도 가져갈 수 없습니다. 오직 '어떻게 살았는가'만이 남습니다.

사람은 죽으면 흙으로 돌아갑니다. 생과 사는 하나의 흐름일 뿐이죠. 죽음은 삶의 반대가 아니라 삶의 일부입니다. 죽음 앞에서 우리는 겸허해지고, 덧없음을 배웁니다. 그리고 그 덧없음이야말로 삶을 진정으로 반짝이게 만드는 조명임을 깨닫게 됩니다.

수의에 주머니가 없다는 말은 결국 '비움'의 철학을 말합니다. 채우기보다는 덜어내는 삶, 쌓기보다는 나누는 삶. 그것이 동양고전이 우리에게 말하는 지혜입니다.

누군가를 미워한 채 잠드는 날보다, 누군가를 용서하고 품은 채 잠드는 날이 우리 영혼에 더 많은 빛을 남깁니다. 누군가보다 앞서기 위해 애쓰는 날보다, 누군가와 함께 걷기 위해 멈추는 날이 우리를 더 따뜻하게 만듭니다.
공자는 말했습니다.

"군자는 마음이 평안하고, 소인은 항상 근심한다."

마음이 가난한 사람은 아무리 많은 것을 가져도 부족함에 시달립니다. 반대로 마음이 넉넉한 사람은 비어 있어도 풍요롭습니다. 수의에 주머니가 없다는 진실은, 바로 그 넉넉한 마음으로 살아야 한다는 경고입니다.

삶은 늘 불완전하고, 세상은 뜻대로 되지 않습니다. 누구나 아픔을 안고 있습니다. 그러나 그 아픔 속에도 의미가 있습니다.
『노자』는 말합니다.

"화(禍)는 복(福)이 되고, 복은 화의 근원이 된다."

지금 당신이 겪는 고통은 언젠가 다른 사람을 이해하게 해주는 힘이 됩니다. 당신의 눈물이 누군가의 눈물을 닦아줄 수 있는 위로가 됩니다.

당신은 이 세상에서 단 한 번뿐인 존재입니다. 그 어떤 명함도, 그 어떤 직함도, 당신을 대신하지 못합니다. 수의에 주머니가 없는 이유는, 진정한 부는 바깥에 있는 것이 아니라, 우리 안에 있다는 사실을 일깨워 주기 위함입니다.

오늘 하루, 조금 덜 가지더라도 더 많이 웃으십시오. 조금 덜 이루더라도 더 많이 나누십시오. 우리는 모두 결국 그 한 벌의 수의를 입고 떠나게 됩니다. 그렇다면 살아 있는 지금, 더 아름답고 깊게 살아야 하지 않겠습니까?

Don´t forget

★ _____
★ _____
★ _____
★ _____

69

칠복이한테 한 수 배웁니다 :

누가 최진사 댁 셋째 딸을 데려갔는가?

 손자병법 5편 〈병세〉에는 "종이부시(終而復始)", 즉 끝났다고 끝난 것이 아니라는 말이 나옵니다. 고대 로마의 철학자 키케로도 "끝나버리기 전에는 무슨 일이든 불가능하다고 생각하지 마십시오."라고 말했습니다. 하지만, 이 말은 뉴욕 양키스의 전설 요기 베라의 명언이라고, 혹은 레니 크래비츠의 노래 제목이라고 더 많이 알려져 있습니다.

하늘 아래 완전히 새로운 것은 없습니다. 사람들은 그 말을 누가 했느냐, 얼마나 화려한 수치로 증명되었느냐 같은 감각적인 요소에 집착하지만, 정작 중요한 것은 그 말을 누가 했느냐가 아니라, 그 말의 본질과 그것이 품고 있는 관념적 사유에 집중하고 그것을 '실행'하고 '실천'할 때에만 의미가 생깁니다.

『동물농장』, 『1984』의 작가 조지 오웰은 이렇게 말했습니다.

"다른 사람들의 말을 들었더라면 나는 절대 작가가 되지 못했을 것입니다. 내가 글을 쓸 때마다 '넌 그냥 글 쓰는 일은 접는 게 좋겠다'고 말하는 엄청난 설득이 있곤 했습니다. 내가 해줄 수 있는 유일한 충고는, 남의 충고를 듣지 말라는 것입니다."

세상에서 가장 어려운 일은 쉬운 일을 지속적으로 하는 일입니다. 한 가지 일이라도 지속적으로 해내는 것이 중요합니다. 어떤 일을 계속해 나간다는 것은 세상에서 가장 쉬운 일이면서도 동시에 가장 어려운 일이기도 합니다.

네덜란드의 화가 렘브란트의 제자가,
"어떻게 해야 잘 그릴 수 있습니까?"
라고 묻자, 그는
"손에 화필을 잡고 시작하라."
라고 대답했습니다. 어떻게 그릴 것인지를 고민하기보다는 붓을 들고 직접 그려보는 편이 낫다는 뜻입니다.

실행에 옮겨 행동하다 보면, 그 과정에서 요령이 생기는 법입니다. 마라톤을 즐기는 사람들은 주말마다 20킬로미터가 넘는 긴 거리를 천천히 달립니다. 이런 훈련을 'LSD(Long Steady Distance)'라고 부릅니다. 그런데 LSD를 할 때 어느 구간이 가장 힘든지를 물으면 마라토너들은 하나같이 이렇게 말합니다.
"제일 힘든 구간은, 신발 신고 현관을 나서는 그 순간입니다."

삶의 위대한 끝은 지식이 아니라 행동입니다. "언젠가는 하고 말 거야."라고 말하지만, 월, 화, 수, 목, 금, 토, 일만 있을 뿐 '언젠가

(Someday)'라는 요일은 없습니다. 이 순간이 바로 행동할 때입니다. 노벨문학상을 수상한 폴란드의 시인 쉼보르스카는 '두 번이란 없다'는 시에서 이렇게 삶을 노래합니다.

"두 번 일어나는 것은 하나도 없고, 일어나지도 않습니다. 그런 까닭에 우리는 연습 없이 태어나 실습 없이 죽습니다."

중요한 것은 현재, 바로 이 순간이며, 생각이 아니라 실천입니다. 공자도 말했습니다.

"비유하자면 산을 쌓다가 한 삼태기의 흙이 모자라는 상황에서 그만두었다 하더라도 그것은 내가 그만둔 것입니다. 또한 비유하자면 땅을 평평하게 하기 위해 한 삼태기의 흙을 갖다 부었어도 일이 진전되었다면 그것은 내가 진보한 것입니다."

먹쇠, 밤쇠, 칠복이 중에 누가 최진사 댁 셋째 딸을 데려갔습니까? 주인공은 칠복입니다. 그는 풍선을 불어 마차를 가득 채우거나, 주막집을 통째로 빌려 거문고를 연주하는 등의 요란하고 특별한 이벤트를 벌인 것이 아닙니다. 그는 단지 최진사를 찾아가서 넙죽 절을 했습니다. 그것이 전부입니다. 나머지 두 사람은 최진사가 무섭다며 지레 겁을 먹고는 도전할 생각조차 하지 못했습니다.

구슬이 서 말이라도 꿰어야 보배입니다. 흩어진 구슬은 아무 가치가 없지만, 그것을 꿰어놓으면 보배로 변합니다. 오직 실천으로 옮겼을 때만 결과가 나타납니다. 실천의 문제는 다른 사람이 대신 해 줄 수 없는 문제입니다. 실천은 의지의 문제이며, 동시에 열정의 문제입니다.

Don´t forget

★
★
★
★

70

바둑에서 한 수 배웁니다 :

인생에도 복기가 필요하다.

 인생은 바둑과 같습니다. 누구도 한 수로 승패를 결정지을 수 없으며, 시작부터 끝까지 수많은 결정이 얽히고설킨 흐름 속에 의미가 생성됩니다. 포석에서 시작해 끝내기에 이르기까지, 각 수는 우리 삶의 발걸음과도 같으며, 그 안에 녹아 있는 수많은 바둑 용어는 인생의 국면을 설명하는 생생한 은유입니다.

삶은 '포석'처럼 시작됩니다. 어디에, 어떻게 나를 배치할 것인지. 어떤 가치관으로 세상을 마주할 것인지. 이는 부모와 환경, 교육이라는 정석과도 연결됩니다. 하지만 모든 인생이 정석대로 흐르지는 않습니다. 모난 듯하되 해치지 않고, 둥근 듯하되 중심을 잃지 않는 것이 진정한 시작의 태도입니다. 완벽한 포석이란 없습니다. 오직 자신의 목적을 향한 정직한 배치만이 있을 뿐입니다.

'미생'이라는 말은 바둑에서 비롯되었지만, 오늘날 우리 모두의 초상을 담고 있는 말입니다. 아직 두 눈을 갖지 못한 돌처럼, 우리는 불안하고, 흔들리며, 언제 잡힐지 모르는 삶의 모서리에 서 있습니다. 그러나 미생은 끝이 아닙니다. 그것은 '완생'으로 나아가는 도정이며, 가능성을 품은 중간 상태입니다. 큰 강물은 앞서려 하지 않으며, 가장 낮은 곳에서 완성을 이룹니다. 불완전함을 부끄러워하지 마십시오. 그것은 완성을 향한 가장 진실한 위치입니다.

바둑에서 '행마'는 돌이 나아가는 길이며, '수순'은 그 길을 잇는 과정입니다. 우리는 매일 행마합니다. 관계를 맺고, 일을 수행하고, 꿈을 향해 전진합니다. 그러나 수순이 어긋나면 단수가 되고, 자충수가 되어 스스로 길을 막습니다. 삶의 승부수는 단순한 결단이 아니라, 매 순간의 행마가 쌓여 이룬 결과입니다. 무리수를 두지 않되, 묘수를 기다리는 태도. 그것이 인생의 품격입니다.

'사활'은 돌의 생사, 곧 존재의 여부를 판단하는 핵심입니다. 여기서 중요한 것은 '사석'의 지혜입니다. 때로는 일부를 버림으로써 전체를 구하는 전략. 우리가 집착하는 인간관계, 일의 결과, 사회적 체면. 그것이 전체의 흐름을 막고 있다면, 사석처럼 과감히 내려놓아야 합니다. 모든 것을 끌어안으려는 욕심은 결국 나를 해칩니다. 인생은 쥐는 기술보다, 버리는 용기가 더 깊은 법입니다.

지금의 형세를 파악하지 못하면, 바둑판 전체에서 길을 잃습니다. 형세 판단은 지금 어디에 있고, 어떤 흐름에 있는지를 이해하는 지혜입니다. '국면'은 흐름의 스냅샷이며, 자신을 되돌아보는 거울입니다. 불계승의 삶을 꿈꾸는 이라면, 먼저 자신의 형세를 냉정히 직시해야 합니다. 자신을 속이지 않고 현재를 받아들이는 용기, 그것이 형세 판단의 본질입니다.

'단수'는 위기의 전조입니다. 한 수만 더 들어오면 잡히는 상황. 그러나 위기 속에 '패'가 있습니다. 패는 곧 기회입니다. 패싸움은 불리한 쪽이 오히려 주도권을 쥘 수 있는 마지막 수단입니다. 이처럼 삶도 위기의 순간에 진짜 실력을 드러냅니다. 실패는 패착이지만, 복기한다면 묘수의 단서가 됩니다. 지금의 패가 내일의 묘수가 될 수 있습니다. 끝내기까지 포기하지 마십시오. 마지막 한 수에 품격이 담깁니다.

삶에서 꼼수는 늘 유혹합니다. 쉽고 빠른 길처럼 보이지만, 결국 신뢰를 무너뜨리고 자신을 호구로 만듭니다. 바둑에서 '호구'는 상대에게 이용당하기 쉬운 모양입니다. 진정한 삶의 고수는 꼼수가 아닌 성실한 수순을 믿습니다. '대학'에서는 "신독(愼獨)"을 강조합니다. 혼자 있을 때도 조심하고, 스스로 속이지 않는 태도. 꼼수는 외부를 속이지만, 진정한 패착은 자신을 속이는 데서 시작됩니다.

'끝내기'는 승부를 정리하는 마지막 과정입니다. 그 끝은 태도의 문제입니다. 대마불사는 초반의 세력보다, 끝내기의 성숙함이 생명을 보장합니다. 인간관계도, 일도, 삶도 마찬가지입니다. 떠나는 모습, 정리하는 태도, 마무리의 품격이 당신의 전 생애를 말해줍니다.

바둑은 말없이 가르칩니다. 한 수에 인생이 담기고, 묵묵한 손끝에서 전략이 태어납니다. 오늘날 우리는 미생의 삶을 살고 있습니다. 불안정한 사회, 가혹한 경쟁, 고립된 관계 속에서 흔들리는 존재들입니다. 그러나 그 미생은 끝이 아니라 시작입니다. 복기를 통해 성장하고, 행마로 전진하며, 때로는 사석을 감수하며 우리는 완생을 향해 나아갑니다.

바둑은 우리에게 묻습니다. 오늘 당신은 어떤 수를 두고 있습니까? 당신의 삶은 묘수를 향한 준비가 되어있습니까? 지금 이 순간도, 인생이라는 바둑판 위에서 조용히 한 수를 준비하십시오. 그것이 삶의 철학입니다.

Don't forget

★ _____
★ _____
★ _____
★ _____

맺음말

우리는 누구나 삶이라는 거대한 무대 위에 서 있는 배우입니다. 매일 새로운 장면을 맞이하고, 익숙한 배역과 낯선 역할을 오가며, 때로는 웃고 때로는 울며 살아갑니다. 이 무대 위에서 우리가 쥐고 있는 가장 강력한 무기는 바로 '말'입니다. 말은 사람을 살리기도 하고, 때로는 아프게도 합니다. 그러나 그 근원에는 언제나 마음이 있습니다. 말은 혀에서 나오지만, 그 뿌리는 마음입니다. 그렇기에 어떤 말을 하느냐보다, 어떤 마음으로 말을 하느냐가 더 중요합니다.

제가 삶을 바라보는 중심에는 '활(活)'이 있습니다. 살릴 활, 살아 있을 활입니다. 물 수(水)와 혀 설(舌)이 만난 이 글자는, 곧 말이 사람을 살린다는 의미를 품고 있습니다. 그래서 저는 '연쇄 활인마(活人馬)'가 되기를 꿈꿉니다. 말을 통해 사람을 살리는 존재, 글을 통해 마음을 어루만지는 존재, 음악을 통해 삶을 북돋우는 존재가 되고자 합니다.

　이 책은 그 꿈을 향한 기록입니다. 제가 배운 삶의 조각들, 만난 사람들의 이야기, 고전에서 얻은 지혜, 일상에서 떠올린 통찰들이 하나하나의 꼭지로 담겨 있습니다. 독자 여러분이 이 글을 읽으며, 삶의 한순간을 돌아보고, 마음속 무언가를 일깨우며, 스스로 다시 살리는 시간을 갖게 되길 바랍니다.

　살아간다는 것은 곧 배워가는 일입니다. 저는 오늘도 삶에서 한 수 배우고, 사람에게 한 수 배우며, 나 자신에게 한 수 배웁니다. 그 배움의 과정을 진심으로 나누고 싶었습니다.

　삶은 매일 반복되는 일상에서도 늘 다른 얼굴을 하고 다가옵니다. 어떤 날은 기쁘고, 어떤 날은 슬프며, 또 어떤 날은 이유 없이 지칩니다. 그러나 그 모든 순간에도 우리가 놓지 말아야 할 것이 하나 있습니다. 바로 '나를 바꾸는 실천'입니다. 삶은 생각대로 흘러가지 않지만, 실천은 생각을 삶으로 옮기는 유일한 길입니다.

　이 책의 모든 이야기는 결국 하나의 메시지로 이어집니다. 운명은 정해진 것이 아니라, 내가 운전해 나가는 것입니다. 그 운전대는 남이 쥐는 것이 아니라, 내가 쥐어야 합니다. 내 눈이 보는 것을 바꾸고, 내 입이 내뱉는 말을 바꾸고, 내 몸이 향하는 방향을 바꿀 때 비로소 삶도 새로운 길을 걷기 시작합니다.

　우리는 완벽하지 않은 존재입니다. 실수도 하고, 실패도 합니다. 그러나 그것이 우리를 부족한 존재로 만드는 것은 아닙니다. 그 모든 경험은 우리를 더 단단하게, 더 따뜻하게 만드는 시간입니다. 중요한 것은 그 실패 속에서도 멈추지 않고 다시 움직이는 용기입니다.

  말이 사람을 살릴 수 있듯, 나의 한마디가 누군가의 하루를 바꿀 수 있습니다. 나의 행동 하나가 나를 구하고, 나의 실천 하나가 세상을 밝힐 수 있습니다. 그래서 저는 오늘도 말합니다. "그냥 하기만 하면 일단 상위 10퍼센트입니다." 다짐보다 움직임이 중요합니다. 완벽보다 꾸준함이 더 깊은 힘을 가집니다.

  지금 이 순간, 책장을 덮는 이 시간이 끝이 아니라 새로운 시작이 되었으면 합니다. 독자 한 분 한 분이 이 글을 통해 스스로 응원하게 되기를, 그리고 누군가에게도 따뜻한 말 한마디를 건네는 사람이 되기를 바랍니다.

  운은 전염됩니다. 좋은 기운은 전파됩니다. 그러니 지금 당신이 품고 있는 생각과 말과 행동이 누군가에게 전해질 것을 믿고, 매일을 살아가 주시길 바랍니다. 저는 앞으로도 글로, 말로, 음악으로, 그리고 사람으로 살아가겠습니다. 함께 해주셔서 고맙습니다.

DJ 래피

DJ 래피의 인생수업 70
배우다!

초판1쇄 : 2025년 4월 24일

지은이 : DJ 래피
펴낸이 : 김채민
펴낸곳 : 힘찬북스

북코디네이터 : 유윤주

주 소 : 서울특별시 마포구 모래내3길 11 상암미르웰한올림오피스텔 214호
전 화 : 02-2227-2554
팩 스 : 02-2227-2555
메 일 : hcbooks17@naver.com

※ 이 책은 저작권법의 보호를 받는 저작물이므로 무단전재와 복제를 금합니다.
※ 잘못된 책은 구매하신 곳에서 교환해 드립니다.
※ 값은 표지에 있습니다.

ISBN 979-11-90227-58-2 03190 © 2025 by DJ 래피